AF550670
GENUSS
RADELN
IM BAYERISCHEN WALD
SüdOst Verlag

Uwe Neumann

„Wow, ist es hier schön!", waren meine ersten Worte, als ich mit meiner damaligen Freundin (jetzigen Frau) vor mehr als 30 Jahren zu einem Kurztripp nach Furth im Wald in den Bayerischen Wald fuhr. Als begeisterter Outdoor-Sportler war es für mich in dieser unberührten Mittelgebirgslandschaft wie im Paradies. Wir unternahmen ausgedehnte Touren mit dem Mountainbike oder Rennrad diesseits und jenseits der Grenze, wanderten unendliche Stunden über die höchsten Gipfel des Bayerischen Waldes und joggten schon damals auf vielen Trails in einem einzigartigen abenteuerlichen Naturpark.
Als Stadtmensch waren mir diese (emotionalen) Glücksgefühle, die ich in der Natur hatte, völlig neu, und so wurden unsere Besuche im Bayerischen Wald immer häufiger. Schließlich verlegten wir unseren Lebensmittelpunkt komplett in den Bayerischen Wald, was die beste Entscheidung für uns gewesen ist.
Beruflich fand ich mein Glück in der hiesigen Tourist-Information, wo ich noch mehr über den Bayerischen Wald erfuhr und auch mein Hobby bei geführten Fahrrad-Touren oder Wanderungen sowie bei verschiedenen organisierten Outdoor-Events (Further Bergwoche, Gibacht-Berglauf, Drachen-Triathlon, Grenzüberschreitenden Freundschaftslauf) weiter pflegen konnte.
Wir verbrachten fast jede freie Minute in der Natur, vor allem das Fahrrad wurde unser ständiger Begleiter. Wir erforschten nicht nur unsere

unmittelbare Region, den Oberen Bayerischen Wald, sondern unternahmen viele Touren auf dem kompletten „Grünen Dach Europas", wie der Bayerische und Böhmische Wald mit seinen zwei Nationalparks genannt wird. Auch unsere drei sportbegeisterten Kinder wurden mit einbezogen, wir unternahmen viele Abenteuertouren mit Fahrrad, Zelt oder Campingbus.

Der Bayerische Wald gilt als eine der „wildesten" und „ursprünglichsten" Regionen Europas, und genau das fasziniert mich an ihm. Mit einer Vielzahl von Angeboten, kulturelle, traditionelle, ob man mit Kindern unterwegs ist oder als Outdoor-Sportler: Im „Woid" gibt es einfach alles.

Was mich die letzten Jahre auch begeisterte, ist die Tatsache, dass sehr viele Menschen, egal ob Gäste oder Einheimische, mit dem Rad (entweder Bio-Bike oder E-Bike) unterwegs sind und freudestrahlend von ihrer tollen Tour berichten. Oder an einer geführten, grenzüberschreitenden Radtour teilnehmen und von ihrem Guide sehr viel über die Region, die Grenze oder die Menschen diesseits und jenseits erfahren. Bei vielen Radlern steht meistens nur eins im Vordergrund: „der Genuss". Eine wunderschöne Tour zu fahren, Gleichgesinnte kennenzulernen, unterwegs von einem Aussichtspunkt die Landschaft zu genießen, an einem Badesee kurz hineinzuspringen oder einfach etwas Schönes zu besichtigen. Dazu gehört aber auch bei den meisten Radfahrern oder Gruppen die Einkehr in einem hiesigen Gasthaus mit regionalem Essen. Das ist ein Stück Lebensqualität, das nicht nur ich, sondern sehr viele Menschen in ihre Freizeitgestaltung mit einbeziehen. Da ich möglichst viele Radsportler und Bayerwald-Begeisterte an meinen wunderschönen Touren teilhaben lassen möchte, bin ich sehr glücklich, mit diesem Buch die Möglichkeit dazu zu haben.

Mir ist auch wichtig, jede Region zu präsentieren. Es gibt überall hervorragende Traum-Strecken, die ich leider nicht alle aufnehmen konnte. Hier, in diesem Führer sind Familien-Touren dabei, die entweder mit kleinen oder auch größeren Kindern wunderbar zu fahren sind. Grenzüberschreitende und Mehrtagestouren dürfen natürlich auch nicht fehlen, da sie ihren eigenen Charakter haben. Es stehen auch ein paar nützliche Tipps drin, damit ihre Tour zu einem schönen Erlebnis wird. Der Schwierigkeitsgrad gibt Aufschluss über die Einstufung der Tour, sodass jeder je nach Leistungsstand oder Tagesform entscheiden kann, ob er sich die Tour zutraut.

Das Buch „Genuss-Radeln im Bayerischen Wald" soll auch eine kleine Liebeserklärung an den Bayerischen Wald sein, mit seiner einzigartigen Landschaft, den vielen eindrucksvollen Naturschätzen und den freundlichen Menschen, die dort leben, mit ihrer Offenheit und vor allem ihrer Herzlichkeit, die ich in mein Herz geschlossen habe.

Ich wünsche Ihnen beim Lesen und beim Radeln viel Spaß,

Ihr
Uwe Neumann

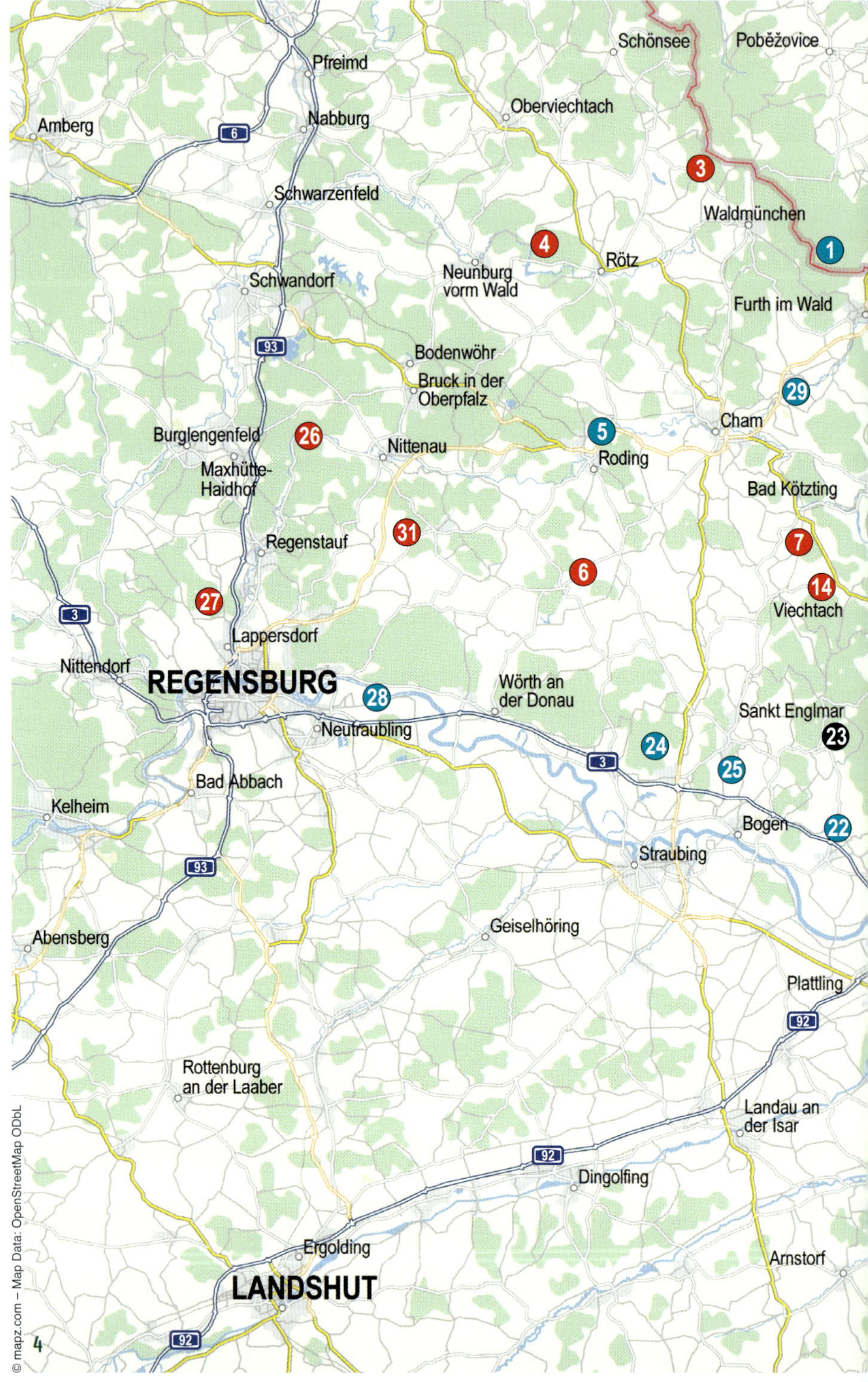

Schönsee
Poběžovice
Pfreimd
Oberviechtach
Amberg
Nabburg
6
3
Schwarzenfeld
Waldmünchen
4
1
Rötz
Neunburg vorm Wald
Schwandorf
Furth im Wald
93
Bodenwöhr
Bruck in der Oberpfalz
29
Cham
Burglengenfeld
26
5
Nittenau
Roding
Maxhütte-Haidhof
Bad Kötzting
31
7
Regenstauf
6
14
Viechtach
27
3
Lappersdorf
Nittendorf
REGENSBURG
28
Wörth an der Donau
Sankt Englmar
Neutraubling
23
24
3
25
Bad Abbach
Kelheim
Bogen
22
93
Straubing
Geiselhöring
Abensberg
Plattling
92
Rottenburg an der Laaber
Landau an der Isar
92
Dingolfing
Ergolding
Arnstorf
LANDSHUT
92
© mapz.com – Map Data: OpenStreetMap ODbL

Hinweis zu den Öffnungszeiten von Gaststätten

Es kann immer zu spontanen Änderungen von Öffnungszeiten oder auch zu generellen Schließungen kommen. Wir bitten Sie, dies bei Ihrer Tourplanung zu berücksichtigen und sich vorab selbst über die tagesaktuellen Öffnungszeiten der jeweiligen Gaststätte zu informieren – telefonisch oder auf der Website (falls vorhanden).

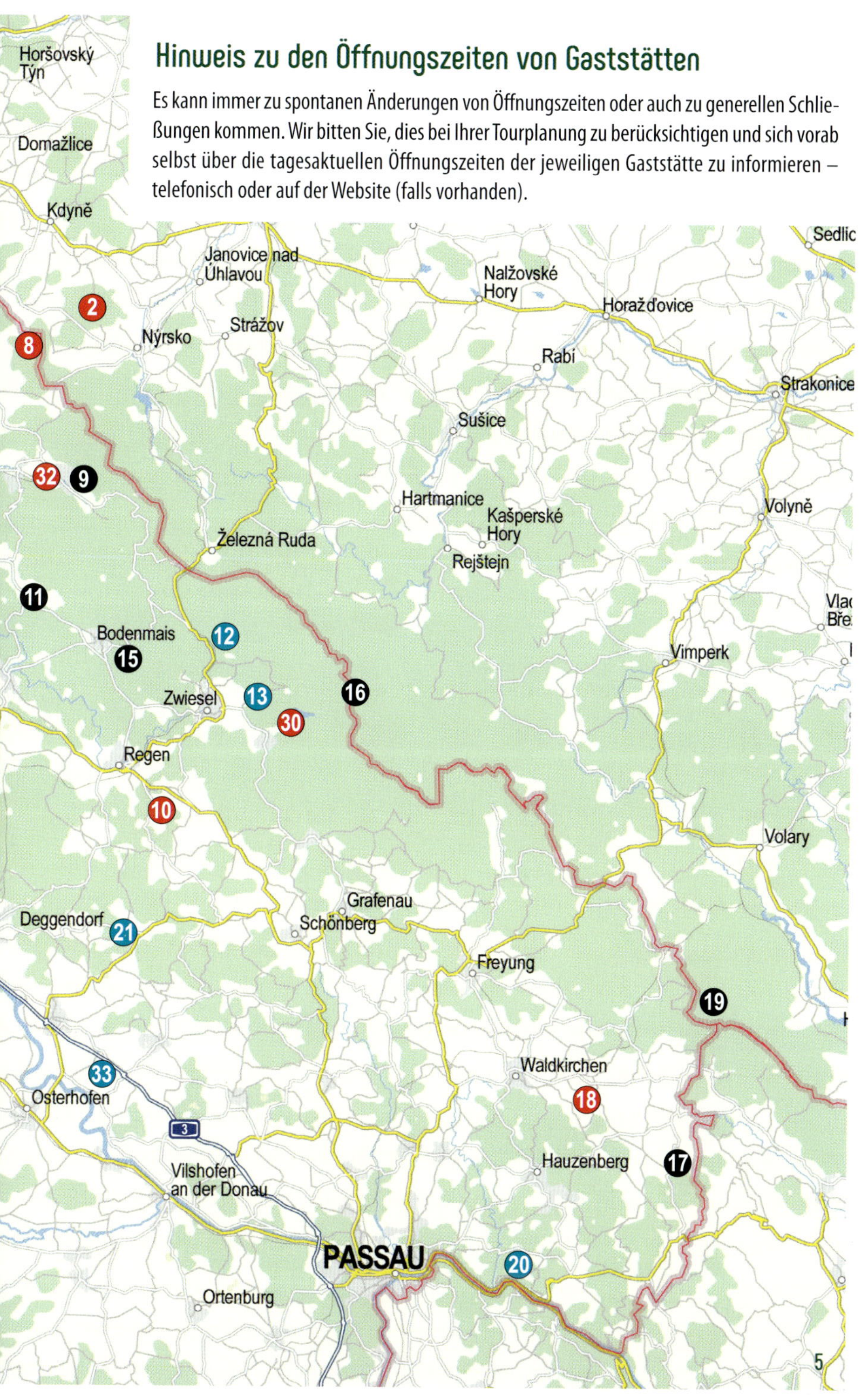

INHALT

FAMILIEN-RADTOUREN MIT KINDERN

Ein Eldorado für Genussradler

Wenn man vom Radfahren im Bayerischen Wald spricht, so denkt man sofort ans Mountainbiken auf den mehr als 130 Bergen, die höher als 1.000 Meter sind. Dass aber der Bayerische Wald ein Eldorado für Genussradler und E-Biker ist, das wissen nur die Wenigsten. Zwischen der Donau, Tschechien und Österreich erstreckt sich auf 6000 Quadratkilometern eine einmalige Natur- und Kulturlandschaft, die förmlich wartet, von Outdoor-Begeisterten entdeckt zu werden. Vor allem die Genuss-Radfahrer haben auf 7000 km markierten Radwegen ein riesiges Terrain mit Strecken, auf denen man einzigartige Eindrücke genießen und vieles entdecken kann.

13 Urlaubsregionen haben sich im Bayerischen Wald auf Genuss-Radtouren spezialisiert. Dort erwartet den Genussfahrer, E-Biker und die Familie Touren an malerischen Flusslandschaften, Entdecker-Routen auf Schmugglerpfaden, Touren von See zu See, Rundtouren durch die Nationalparks Šumava und Bayerischer Wald, einsame unendliche Radwege an der bayerisch-böhmischen Grenze und auf allen Strecken Ausblicke, die man nie mehr vergisst. Das „Grüne Dach Europas", wie es von vielen Outdoor-Aktiven genannt wird, ist ein Radlerparadies vom Feinsten. Außerdem setzt man im Bayerischen Wald voll auf E-Mobilität. Neben Tourist-Informationen, Hotels und Gasthäusern gibt es sehr viele Anbieter, die E-Bikes verleihen, dem Gast noch geeignete Routen empfehlen und wissen, wo es Ladestationen gibt. Die vielen Biker, die den Bayerischen Wald entdecken, sollen einen abwechslungsreichen, schönen Tag auf dem Rad erleben und ihn mit einem zufriedenen Lächeln beenden.

Spannen Sie aus und erleben Sie die Fahrten am Regen, an der Ilz, der Schwarzach oder am Schwarzenberger Schwemmkanal.

Getreu nach dem Motto „Der Weg ist das Ziel" nutzen Sie diesen Führer und planen Sie eine wunderschöne Tour in unserem „Woid". Er birgt einige Überraschungen und Sie werden begeistert sein. Von der Landschaft, den Menschen und vor allem von der Tour, die Sie an viele einzigartige Ziele bringt.

Radln mit GPS

Für den Radführer „Genuss-Radeln im Bayerischen Wald" stehen ihnen auf der Internetseite (**https://gps.battenberg-gietl.de/**) GPS-Daten zum kostenlosen Download bereit. Das dafür benötigte Passwort lautet: **5ck64KdR**.

Alle Tracks wurden sorgfältig geplant und geprüft. Fehler und Abweichungen sind möglich, da sich evtl. Wege im Laufe der Zeit verändern können. GPS-Daten sind eine hervorragende Hilfe bei einer Radtour, trotzdem sollte man sich immer sorgfältig vorbereiten und die eigene Orientierung sowie den Sachverstand nicht außer Acht lassen. Nie sollte man sich nur auf die GPS-Daten und das Gerät verlassen.

PIKTOGRAMME

Distanz

Fahrzeit

Höhenmeter

Gasthäuser/Cafés

Sehenswürdigkeiten/ Aussichtspunkte

Ausgangs-/Endpunkt

Ortschaften

Bodenbeschaffenheit

Markierung

Charakteristik der Tour

E-Bike Ladestation

Radgeschäft

Tourist-Information

Bitte beachten

SCHWIERIGKEITSBEWERTUNG

Leichte Tour

Sie radeln am liebsten im flachen Gelände. Schöne ausgebaute Radwege sind genau das Richtige für Sie. Eigentlich fahren Sie nur gelegentlich, aber eine kleine Nachmittags-Tour mit Freunden oder auch einmal eine Tagestour mit einer Einkehr zwischendurch möchten Sie schon unternehmen.

Mittelschwere Tour

Radfahren muss Spaß machen und soll für Sie nicht in Training ausarten. Trotzdem bereiten Ihnen sanfte Hügel oder längere Abschnitte auf Schotterwegen keine Schwierigkeiten, und so fahren Sie vergnügt mit dem Blick für das Schöne durch die Landschaft.

Schwere Tour

Sie unternehmen zuhause regelmäßig längere Tagestouren. Anstatt mit dem Auto fahren Sie lieber mit dem Rad in die Arbeit und verfügen so über eine gute Kondition. Sie bevorzugen auch öfter hügelige Strecken, freuen sich aber auch, wenn es wieder gemütlicher wird, damit man die vielen Highlights auf der Strecke auch genießen kann.

Vom Drachensee ins Chodenland

Idyllische Grenzlandtour zwischen Hohenbogen und Čerchov

TOUR 01

Furth im Wald, Parkplatz Drachenstich-Festwiese P09
Navi: Eschlkamer Str. 10, 93437 Furth im Wald

Furth im Wald – Ösbühl – Spálenec – Česká Kubice – Babylon – Pila – Trhanov – Pec – Bystřice (Fichtenbach) – Furth im Wald

12,9 km Schotter,
31,0 km Asphalt,
1,2 km Waldwege

MTB Nr. 18

Die Route weist keine fahrtechnischen Schwierigkeiten auf. Eine gewisse Grundkondition ist aber dennoch erforderlich. Es sind überwiegend kleine asphaltierte Straßen, Radwege und Forstwege. Unterwegs gibt es einige Plätze, wo man rasten und sich verpflegen kann.

Tourist-Info Furth im Wald, Schloßplatz 1
Drachensee (DLRG-Gebäude), Seuchau

FPG Zweiradtechnik, Im Gewerbegebiet 26, 93458 Eschlkam, Tel. 09948/955518

Furth im Wald
Schloßplatz 1, 93437 Furth im Wald
Tel. 09973/509-80

Abkürzung ab Babylon über Radweg Nr. 3 nach Furth im Wald oder Rückfahrt mit dem Zug möglich. Ausweis erforderlich!

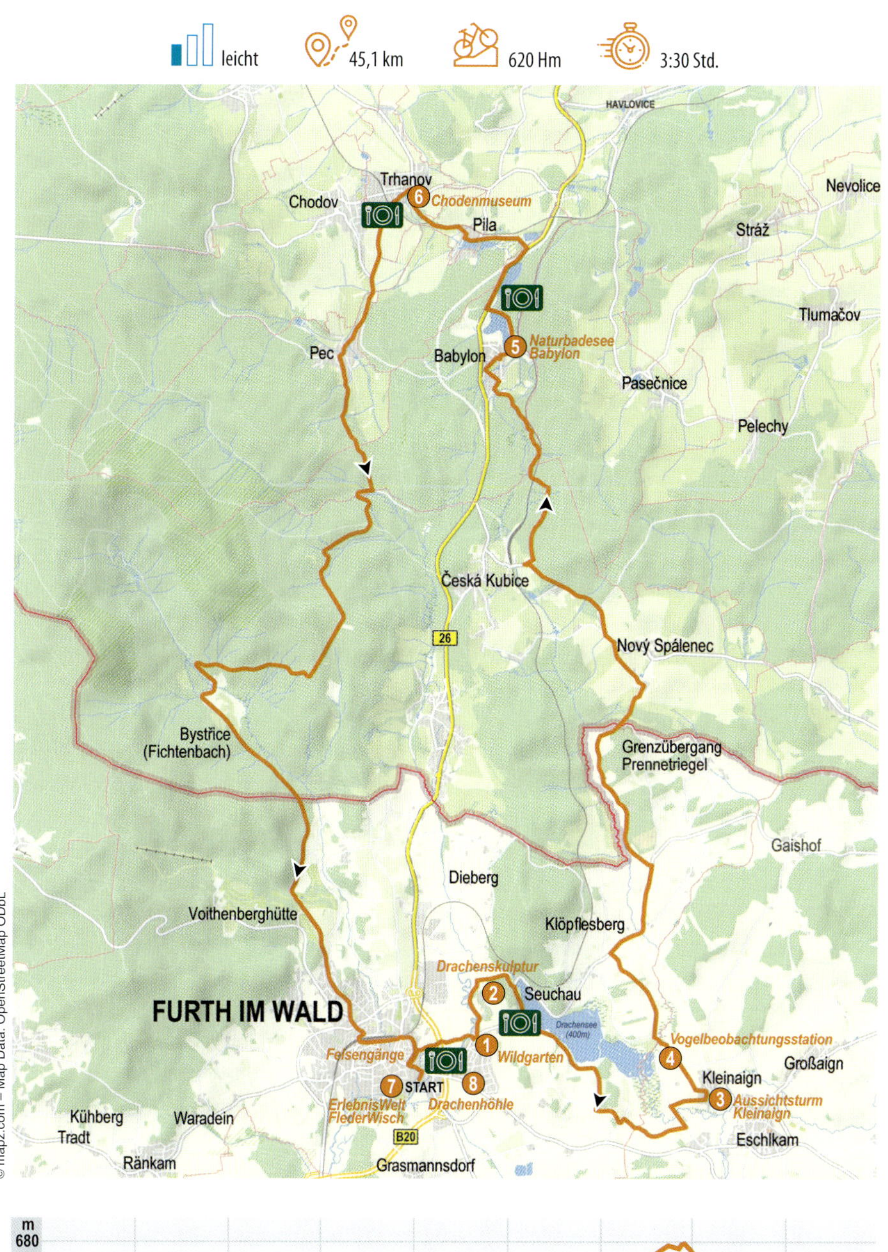

m: 680, 620, 560, 500, 440, 380

Wild-garten 1, Drachen-skulptur 2, Aussichtsturm Kleinaign 3, Vogel-beobachtungs-station 4, Naturbadesee Babylon 5, Chodenmuseum Trhanov 6, ErlebnisWelt Flederwisch 7, Drachen-höhle 8

km: 5, 10, 15, 20, 25, 30, 35, 40

Idyllischer Wildgarten mit Unterwasserbeobachtungsstation

Die Tour startet in Furth im Wald am Parkplatz der Drachenstich-Festwiese (P9). Sie folgt bis auf eine Ausnahme der Beschilderung Nr. 18 (orange Pfeile). Wir fahren zunächst links Richtung Stadtzentrum, am Gasthaus zum Bay vorbei und biegen rechts ab in die Wasserstraße. Dort folgen wir der Beschilderung zum Weiherdamm und rollen genüsslich über weitläufige Felder an Pferdekoppeln vorbei. Weit vor uns erblicken wir die Bayernwarte, den Aussichtsturm auf dem 639 Meter hohen Dieberg. Weiter geht es auf diesem idyllischen Weg zum Drachensee-Freibad, wo wir uns am Wanderparkplatz Daberg links halten. Dort fahren wir durch den Campingplatz zum Wildgarten ❶. In diesem Biotop wird Familien, Schulklassen und vielen Gästen in Führungen die heimische Tier- und Pflanzenwelt auf unterhaltsame Weise nähergebracht. Wir rollen durch das wunderschöne Auengebiet der Chamb, wo links der Fluss plätschert und rechts das weitläufige Gelände des Wildgartens verläuft. Nach 500 m zweigt der Weg rechts ab, dem wir folgen und der uns nach einer kleinen Bergauf-Passage zur Hauptstraße führt. Diese überqueren wir und halten uns auf dem Weg rechts, wo wir zum Promenadenplatz kommen. An diesem Ort werden im Sommer viele kulturelle Veranstaltungen durchgeführt. Am Ende ragt ein großes Monument in den Himmel, die Drachenskulptur ❷. Dann fahren wir wieder zur Hauptstraße und besuchen am gegenüberliegenden Parkplatz die Info-Galerie, wo wir Informationen über diesen Hochwasserspeicher Drachensee und die vielen Sehenswürdigkeiten bekommen.

Wir halten uns wieder an die Hauptstraße, fahren einen kleinen Berg hinauf und biegen links ab zu der Freizeitzone des Drachensees. Dort fahren wir am DLRG-Gebäude mit seinem Kiosk „Platzerl am See“, am Beach-Volleyballfeld und am Fischlehrpfad mit seinen vielen Lehrtafeln vorbei. Gemächlich folgen wir der Beschilderung Nr. 18, die nicht über den „Schwimmenden Steg“ führt, son-

Sonnenaufgang im Hohenbogenwinkel

dern rechts an einer kleinen Straße entlang Richtung Blätterberg geht. Am Straßenende fahren wir links an verschiedenen Marterln vorbei und folgen dieser geteerten Straße, biegen links und nach 100 m rechts ab auf eine Panzerstraße. Diese bringt uns bergab Richtung Eschlkam, der Heimat des Schriftstellers Maximilian Schmidt, genannt „Waldschmidt".

An der Hauptstraße angekommen halten wir uns links, zweigen nach 200 m von der Markierung Nr. 18 nach rechts ab und folgen der Wanderwegmarkierung Fu2. Hier geht es gleich einen kurzen knackigen Anstieg bergauf und im weiteren Verlauf links zum „Kleinaigner Aussichtsturm" 3. Diesen sollte man besteigen, um den Blick auf den Drachensee und den Čerchov, den höchsten Berg in Böhmen (1.042 Hm), zu genießen.

Die Tour führt uns weiter rasant bergab zur Hauptstraße, wo wir von unserer Route abweichend einen Abstecher nach links machen könnten. In nur 100 m Entfernung ist eine sehenswerte Vogelbeobachtungsstation 4, an der man bis zu 200 verschiedene Vogelarten entdecken kann.

Unsere eigentliche Strecke geht bei der Einmündung auf die Hauptstraße nach rechts weiter. Nun können wir wieder der Markierung Nr. 18 folgen und zweigen nach 200 m rechts nach Ösbühl ab. Diese kleine landwirtschaftliche Straße fahren wir bis zum Ende, biegen rechts ab und kommen nach Daberg. Hier genießen wir die Ruhe und die Einsamkeit sowie die vielen Rapsfelder in ihrer vollen gelben Blütenpracht. Am Gebäude der FFW Daberg geht es der Hauptstraße folgend links bergauf bis zur ehemaligen Sportgaststätte Bayerwald. Hier vorbei nehmen wir die nächste Abzweigung und biegen links ab. Die nächsten 1,5 Kilometer fahren wir wieder durch eine beeindruckende Landschaft, wo uns auf der linken Seite am Waldrand die vielen weiß-blauen Grenzpfosten den Weg weisen zum Radfahrer-Grenzübergang Prennetriegel (Bitte Ausweis nicht vergessen!).

Blick auf den Drachensee

Radlgruppe bei Česká Kubice

Vorbei an Teichen bei Pila

Ein kleiner Feldweg führt uns zu dem Bauerndorf Nový Spàlenec. Hier beginnt das „Chodenland", das rund um die Stadt Domažlice in Südwestböhmen liegt und früher elf historische Dörfer umfasste.

An Ende der Straße biegen wir links ab und fahren entlang einiger Höfe auf einer etwas holprigen Schotterstraße bergauf. Dieser Anstieg belohnt uns mit einem Blick auf Česká Kubice. Der Weg führt uns weiter auf die asphaltierte Verbindungsstraße zweier Grenzorte, Všeruby und Česká Kubice. Wir fahren links auf der Straße bis zum Ende dieses riesigen Waldareals. Der Beschilderung folgend orientieren wir uns gleich rechts und tauchen wieder in ein kleines Wäldchen am Fuße des Sedlácko (630 m) ein. Hier biegen wir nach der Schranke links ab und fahren auf einem wunderschönen Forstweg oberhalb der Eisenbahnstrecke München – Prag entlang. Nach einem Kilometer müssen wir etwas aufpassen, da unsere Route mitten im Wald links abzweigt und steil bergab geht. Wir kommen durch einen kleinen Tunnel, halten uns rechts, folgen dem Fluss „Bystrice" und erreichen den Bahnhof von Babylon.

Wir halten uns wieder an die Beschilderung, die uns um den Naturbadesee Babylon 5 führt, und bewundern die Aussicht auf das idyllische Bad, das schon seit über 30 Jahren einer der touristischen Anziehungspunkte in der Region Pilsen ist.

Wir überqueren die Hauptstraße und blicken auf eine Übersichtstafel, auf der die gesamte Strecke gekennzeichnet ist. Es geht weiter rechts auf dem Radweg Nr. 3 (Fernradweg München – Regensburg – Prag) bis zur nächsten Abzweigung. Dort hätten wir die Möglichkeit, auf diesem Radweg einen lohnenswerten Abstecher in die Chodenstadt Domažlice zu machen, die Partnerstadt von Furth im Wald. Die einfache Strecke dorthin beträgt 10 km, die man aber wieder zurückfahren müsste.

Wir entscheiden uns für die kurze Variante, fahren links und kommen an verträumten kleinen Weihern vorbei bis nach Pila. Die Streckenführung leitet uns am Ende der Ortschaft rechts an einigen böhmischen, kleinen Ferienhäusern vorbei und dann links auf einen kleinen Pfad. Hier rollen wir am Bahngleis entlang und genießen die Aussicht auf den Čerchov. Am Ende des Weges überqueren wir das Bahngleis (Bitte aufpassen, kein beschrankter Bahnübergang!) und fahren auf einem kleinen Trail durch ein Wäldchen und an einem kleinen Teich vorbei zum Ort Trhanov. Hier blicken wir auf einen kleinen Weiher und die Seeterrasse des Restaurants „U Svatého Jána" (Einkehr empfehlenswert!). Gegenüber des Restaurants liegt das sehenswerte Chodenmuseum 6, das die Besucher über die Historie dieser tschechischen Volksgruppe informiert.

Die Tour führt uns weiter links Richtung Pec, wo wir uns nach 2 km in der Dorfmitte wieder links halten und weiter am Fuße des Čerchov entlang durch ein kleines Waldstück fahren. Der Beschilderung Nr. 18 folgend geht es an der 1. Abzweigung links leicht bergab und weiter einen Anstieg hinauf durch einen lichten Mischwald. Nach dieser schweißtreibenden Passage fahren wir steil hinunter und genießen den Fahrtwind, der uns richtig guttut. Am Ende kommen wir auf eine kleine Hauptstraße, wo wir rechts auf die Asphaltstraße einbiegen und weiterfahren bis zur nächsten Abzweigung. Nach ca. 4 km und einer abschließenden Abfahrt haben wir es endlich zum ehemaligen Glasmacherdorf Bystřice (Fichtenbach) geschafft. Dieses weite Tal, wo bis vor Kurzem noch einige alte Gebäude standen, zählt zu den malerischsten Landschaften in der Region.

Nun geht es einen etwas steinigeren Schotterweg leicht bergab, ehe wir nach ca. 1 km bei einem Holzlagerplatz halbrechts über einen kleinen Waldpfad zum Wander-Grenzübergang kommen. Diesen überqueren wir, bleiben auf dem Forstweg und fahren über eine kleine geteerte Straße nach Voithenberghütte. Vorbei am Golfplatz geht es zurück nach Furth im Wald, wo wir über die Glaserstraße zur ErlebnisWelt Flederwisch 7 kommen. Weiter fahren wir über die Bahnhof- und Grabenstraße zu unserem Ausgangsort Drachenstich-Festwiese. Dort können wir zum Abschluss den Further Hightech-Drachen in der Drachenhöhle besichtigen 8.

DER FURTHER DRACHENSTICH

Das Mittelalter lebt! Zumindest alljährlich im August in der Grenzstadt Furth im Wald. Dort findet seit über 500 Jahren der Drachenstich – Deutschlands ältestes Volksschauspiel – statt. Eine aufwändige Inszenierung voller Dramatik, Mystik und packenden Bildern aus dem prallen, überschäumenden Leben des Mittelalters. Seit 2010 ist der neue High-Tech-Drache Hauptdarsteller beim „Further Drachenstich". Als größter vierbeiniger Schreitroboter der Welt hat es der Drache sogar ins Guinness-Buch der Rekorde geschafft. In der Drachenstich-Festwoche finden auch noch ein Mittelalterliches Lagerleben (Cave Gladium) und ein Historisches Kinderfest statt. www.drachenstich.de

Durch das Künische Gebirge in den Böhmerwald

Ein Grenzabenteuer von der Drachenstichstadt nach Nyrsko

TOUR 02

Furth im Wald, Drachensee (Promenadenplatz)
Navi: Seuchau, 93437 Furth im Wald

Drachensee – Gaishof – Grenzübergang Všeruby – Nová Ves – Kdyně-Hluboká - Chodská Lhota - Orlovice – Hadrava – Nýrsko – Chudenín – Fleky - Wandergrenzübergang Hofberg – Warzenried – Stachesried – Eschlkam – Drachensee

57,5 km Asphalt, 3,5 km Schotter, 2,4 km Waldwege

Nur teilweise beschildert. Zuerst Iron-Curtain-Trail 13 bis Vseruby, dann Beschilderung 3A und 2014 bis Hajek, ab hier bitte an den Ortschaften orientieren, die beschildert sind.

Die ersten Kilometer geht es in leichtem Auf und Ab auf kleinen Asphaltstraßen und einsamen Wegen immer an der Grenze entlang. Im hügeligen Chodenland fahren wir durch viele kleine tschechische Dörfer und lernen den Böhmerwald auf zwei Rädern richtig kennen und lieben. Vom Grenzübergang Fleky/Hofberg lassen wir es dann hinunterrauschen in den Hohenbogenwinkel.

Drachensee (DLRG-Gebäude)
Hotel Böhmerwald, Warzenried

FPG Zweiradtechnik, Im Gewerbegebiet 26, 93458 Eschlkam, Tel. 09948/955518

Furth im Wald, Schloßplatz 1, 93437 Furth im Wald, Tel. 09973/509-80

Bei der Überquerung der Grenze nach Tschechien ist ein gültiger Personalausweis oder Reisepass erforderlich!

DURCH DAS KÜNISCHE GEBIRGE IN DEN BÖHMERWALD – TOUR 02

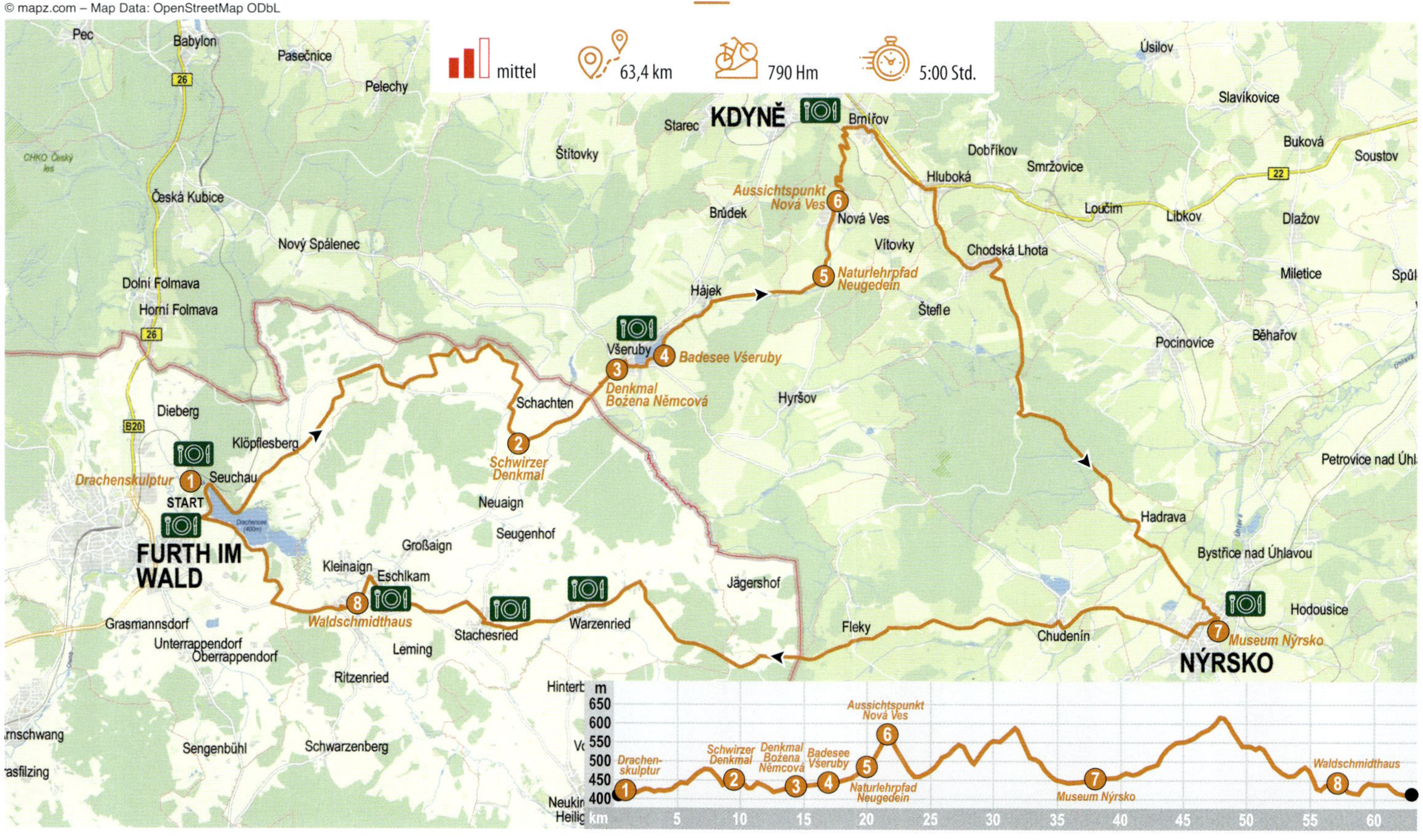

Unser Start ist am Parkplatz des Promenadenplatzes am Drachensee gegenüber der Drachenskulptur ①. Wir fahren auf der Hauptstraße nördlich um die Staumauer, die am Fuße des Diebergs (639 m) liegt, herum. Von dort haben wir gleich am Anfang unserer Tour einen phantastischen Blick auf das gesamte Hohenbogen-Massiv mit seinen NATO-Türmen und dem Sender auf dem Burgstall. Daneben sehen wir auf den Kleinen und den Großen Osser. Wir fahren auf dieser Straße weiter, erklimmen einen kleinen Anstieg und entfernen uns vom Drachensee. Diese asphaltierte Straße führt uns weiter nach Ösbühl, von wo aus man rechts einen Abstecher zu den vielen Vogelbeobachtungsstationen machen kann. Aber wir bleiben auf der Straße Richtung Daberg, fahren weiter geradeaus und halten uns an die Beschilderung des Iron-Curtain-Trail Nr. 13, welche uns bis zur Grenze begleiten wird. Nach einer kurzen ebenen Passage geht es durch eine Senke zum Feuerwehrhaus Daberg. Dort fahren wir rechts und kommen an einigen beschaulichen Feldern und saftigen Wiesen vorbei.

Nach einer kleinen Linkskurve stoßen wir auf die Straße, die uns rechts abzweigend durch einen gepflegten Mischwald Richtung Gaishof bringt. In diesem durch Landwirtschaft geprägten Ort geht es links weiter, wiederum der Beschilderung des Iron-Curtain-Trail Nr. 13 folgend. Diese landwirtschaftliche Straße, die sich an der Grenze entlangschlängelt, ist ein Naturidyll mit wunderschönen Aussichtspunkten und einer Bilderbuchlandschaft. Die Route führt uns durch die kleine Ortschaft Schachten, an deren Ende wir nach circa 500 m links abzweigend auf das Schwirzer Denkmal ② stoßen.

Es erinnert an die Schwirzer, Schmuggler oder auch Pascher genannt. Das Schwirzen gehörte

Start am Drachensee

Schwirzer Denkmal bei Schachten

Auf dem Iron-Curtain-Trail

früher zum Alltag der kleinen Leute an der Grenze. Mit einem mit Ofenruß geschwärzten Gesicht gingen die Schwirzer bei Nacht und Nebel über die Grenze und schmuggelten Salz, Schnupf- und Rauchtabak sowie Vieh.

Wir fahren weiter zur Hauptstraße, wo wir uns links halten und auf dem Chambtal-Radweg zur Landesgrenze Všeruby fahren (bitte Ausweis nicht vergessen). Hier beginnt der ostbayerische Jakobsweg, der über Straubing nach Donaueschingen führt.

Auf tschechischer Seite orientieren wir uns an den beiden Radwegen Nr. 2014 und 3A, die leicht bergauf nach Všeruby führen. Auf der linken Seite in der Ortsmitte steht ein großes Denkmal, welches Božena Němcová ❸ gewidmet ist. Sie war eine der bekanntesten tschechischen Schriftstellerinnen, die zahlreiche Märchen schrieb. Zu den bekanntesten gehören „Drei Haselnüsse für Aschenbrödel" und „Babička" (Großmutter).

Hier fahren wir die kleine Straße rechts Richtung Nyrsko, die uns leicht bergab über die Brücke zum Badesee Vseruby ❹ führt. Dort biegen wir am Ende links ab und rollen die Uferpromenade entlang. Schöne Spielplätze, ein Fitness-Parcour und Ruhebänke für Erholungssuchende säumen den sanft daliegenden See. Am Ende teilt sich in Hájek die Strecke, wo wir uns von den zwei Radwegen entfernen und rechts eine schön zu fahrende ehemalige Panzerstraße nutzen. Es geht an saftigen Apfelbäumen und einer herrlichen Landschaft mit weidenden Kühen am Fuße des Tanaberk vorbei. Dieser ist bekannt durch die Wallfahrtskirche St. Anna, eine der sehenswertesten Bauten des

Radweg Badesee Všeruby

Badesee in Všeruby

Denkmal Božená Němcová

westböhmischen Barocks und Wallfahrtsort mit einem Kreuzweg.

Weiter geht es rechts entlang des Naturlehrpfades der Neugedeiner Region ❺, der an der Zufahrtsstraße nach Nová Ves mündet. Diese Ortschaft durchqueren wir bergauf, halten uns halb links und haben uns auf der Anhöhe eine kurze Pause verdient. Ein Aussichtsturm ❻ mit einer Übersichtstafel und einem einzigartigen Blick über das gesamte Grenzgebiet entschädigt für diesen strapaziösen Anstieg. Nun geht es rasant bergab über Serpentinen nach Brnířov bei Kdyně. Hier fahren wir rechts gegen den Uhrzeigersinn an einem Teich vorbei, halten uns links und fahren anschließend rechts leicht bergauf zum Radweg. Parallel zur Hauptstraße geht es auf diesem wunderschönen Radweg entlang eines Baches (Zahořanský potok) nach Hluboká. Wir fahren zur Ortsmitte dieses kleinen böhmischen Dorfes und biegen rechts ab, wo wir die Eisenbahnlinie überqueren und eine ruhige Landstraße zuerst bergauf und dann bergab Richtung Chodská Lhota bewältigen. Am Ende dieses schmucken Dorfes biegen wir rechts ab, wo es die nächsten zwei Kilometer etwas steiler bergauf nach Orlovice geht. Hier legen wir eine weitere kurze Pause ein, um die abschließende wunderschöne Abfahrt zuerst nach Hadrava und weiter nach Nýrsko noch mehr genießen zu können. Dort angekommen, kann man das hiesige Muzeum 7 besuchen oder in eines der vielen schönen Gasthäuser und Cafés einkehren.

Nach dieser willkommenen längeren Pause fahren wir über Náměstí und den Fluss Ùlava sowie die Straße Petra Bezruĉe auf die Hauptstraße Komenského, die uns nach Chudenín führt. Hier fahren wir in der Ortschaft, der Beschilderung folgend, links entlang zur kleinen Pferdepension St. Leonhard. Dieses außergewöhnliche Pferdeareal mit seinen schön hergerichteten und dekorierten Koppeln passt hervorragend in diese tolle Landschaft am Fuße des Vršek (536). Wir fahren diese idyllische Straße weiter, die uns zuerst in die Ortschaft Fleky und dann zum Rad- und Wandergrenzübergang Hofberg führt. Diesen überqueren wir und bleiben in Hofberg erst einmal kurz stehen, von wo aus wir einen sensationellen Blick in den Hohenbogenwinkel genießen können. Wir fahren weiter halblinks auf einer Asphaltstraße in leicht welligem Wegeverlauf Richtung Warzenried. Hier geht es durch eine herrliche Waldkulisse und traumhafte Lichtungen mit schönen Fichtenwäldern. Am Ende der Straße kurz vor Warzenried biegen wir links ab und fahren bergab am Hotel Böhmerwald vorbei durch die Ortschaft. Weiterführend rollen wir auf einem Radweg Richtung Stachesried. Nach einem kurzen Anstieg kommen wir in diese kleine Bayerwaldgemeinde. Jetzt heißt es aufgepasst, denn auf der nun folgenden Abfahrt geht es in der Ortsmitte gleich scharf rechts und sofort wieder links bergab. Nachdem wir durchgefahren sind, bleiben wir auf dieser Straße (Anger), fahren bergauf zum Radweg und parallel zur Hauptstraße nach Eschlkam. Wir überqueren die Hauptstraße, die Richtung tschechische Grenze geht und fahren in die Ortsmitte von Eschlkam. Hier kann man die interessante Dauerausstellung des Bayerwalddichters Maximilian Schmidt 8 besichtigen. Anschließend geht es die Kleinaigner Straße bergab und weiter über die Freibadstraße zum Radweg Richtung Furth im Wald. Nach einem Kilometer auf diesem Weg orientieren wir uns rechts Richtung Blätterberg und folgen dem Drachensee-Weg, der uns rechts zum Ufer des Drachensees führt. Am Zielort angekommen, besichtigen wir anschließend die vielen Sehenswürdigkeiten in Furth im Wald.

KÜNISCHES GEBIRGE

Das „Künische Gebirge“ bezieht sich auf den böhmischen Grenzwald (übersetzt „Königlicher Wald“), der einen kleinen Teil des Bayerischen und des mittleren Böhmerwalds umfasst. Der wunderbare, ausgesetzte Gebirgskamm zwischen Osser und dem Zwercheck ist die höchste Erhebung dieses Grenzgebirges. Es besteht aus Glimmerschiefern anstatt der sonst im Bayerischen Wald verbreiteten Gneise und Granite. Das Künische Gebirge ist damit sowohl als hervorragendes Wandergebiet bekannt, aber auch als Region mit einer deutsch-tschechischen Vergangenheit.

Entlang der verschwundenen Dörfer des Eisernen Vorhangs

Schmugglertour im Waldmünchner Urlaubsland

TOUR 03

Waldmünchen, Parkplatz Perlsee (Wilde Seite), Navi: Perlsee, 93449 Waldmünchen

Waldmünchen – Kritzenast – Biberbach – Silbersee – Treffelstein – Tiefenbach – Charlottenthal – Schwarzach – Untergrafenried – Perlsee – Waldmünchen

27,0 km Asphalt, 16,4 km Wald- und Schotterwege

Schwarzachtal-Radweg und Iron-Curtain-Trail Nr. 13

Die Radtour führt uns hauptsächlich über kleine asphaltierte Nebenstraßen, durch eine abwechslungsreiche Landschaft und ein einsames Grenzgebiet.

Erlebnisraum Perlsee, Waldmünchen
Autohaus Wagner, Waldmünchen
Silbersee, Treffelstein
Gasthof Drei Linden, Dorfplatz Biberbach

E-Bike-Point Waldmünchen (Autohaus Wagner), Bahnhofstr. 47, Tel. 09972/90060

Waldmünchen, Marktplatz 16, 93449 Waldmünchen, Tel. 09972/30725

Verpflegung und Trinkflasche müssen auf dieser Tour unbedingt mitgenommen werden, da es unterwegs fast keine Gastronomie gibt. Personalausweis oder Reisepass erforderlich!

mittel | 43,4 km | 500 Hm | 3:15 Std.

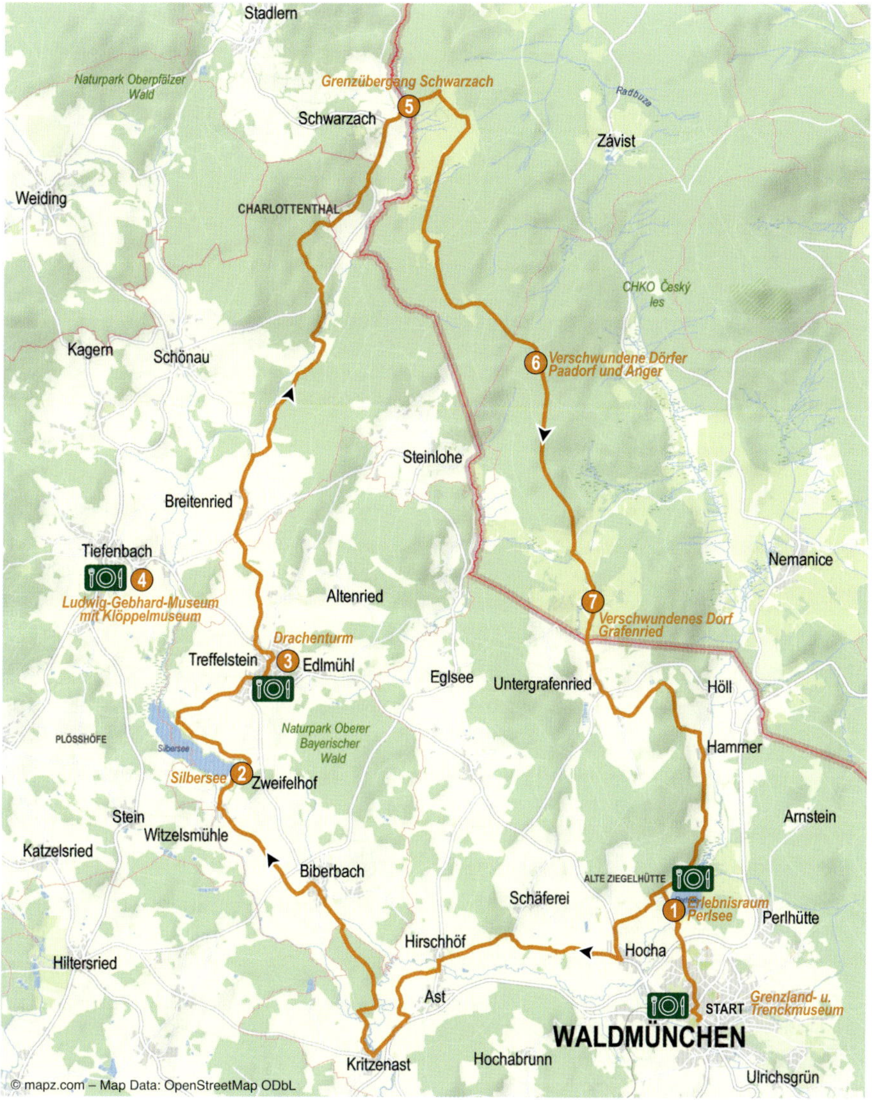

Stadlern
Naturpark Oberpfälzer Wald
Grenzübergang Schwarzach
5
Schwarzach
Radbuza
Závist
Weiding
CHARLOTTENTHAL
CHKO Český les
Kagern
Schönau
6 Verschwundene Dörfer Paadorf und Anger
Steinlohe
Breitenried
Tiefenbach
4
Ludwig-Gebhard-Museum mit Klöppelmuseum
Nemanice
Altenried
7 Verschwundenes Dorf Grafenried
Drachenturm
Treffelstein
3 Edlmühl
Eglsee
Untergrafenried
Höll
PLÖSSHÖFE
Naturpark Oberer Bayerischer Wald
Silbersee
Hammer
Silbersee 2 Zweifelhof
Stein
Witzelsmühle
Arnstein
Katzelsried
Biberbach
ALTE ZIEGELHÜTTE
Schäferei
1 Erlebnisraum Perlsee
Perlhütte
Hirschhöf
Hocha
Hiltersried
Ast
START
Grenzland- u. Trenckmuseum
WALDMÜNCHEN
Kritzenast
Hochabrunn
Ulrichsgrün

© mapz.com – Map Data: OpenStreetMap ODbL

Lebensachse Schwarzach

Unsere Tour startet in Waldmünchen am Parkplatz des südlichen Ufers am Perlsee (Wilde Seite). Hier informiert uns gleich eine Übersichtstafel über die „Lebensachse Schwarzach", mit seiner traditionsreichen Geschichte und dem „Erlebnisraum Perlsee" ❶. Wir freuen uns auf die Tour und die Entdeckungsreise durch das bayerisch-böhmische Kulturerbe.

Die ersten Meter fahren wir über die Staumauer zur Ziegelhütte, biegen an der Gabelung links ab und lassen unser Bike eine kleine Senke runterrollen. Am Ende der Abfahrt folgt ein abschließender Anstieg nach Hocha. Kurz nach dem Ortseingang überqueren wir die Hauptstraße und folgen rechts der Beschilderung Richtung Schäferei. Nun geht es leicht bergab durch blühende Rapsfelder und artenreiche, saftige Wiesen. Auf der rechten Seite erblicken wir das Bioenergiedorf Schäferei, das erste Bioenergiedorf in Bayern.

Wir fahren geradeaus und kommen zur Leonhardi-Kapelle, wo wir erst einmal an einer kleinen Sitzgruppe eine Pause einlegen und den Blick auf das Bergdorf Herzogau mit dem beliebten Aussichtsturm „Klammerfels" genießen.

Der Weg führt uns weiter an der Kapelle vorbei links nach Hirschhöf, wo wir uns kurz an der Lamellentafel orientieren und dem Schwarzachtal-Radweg folgen. Kurz vor der Ortschaft Ast zweigen wir rechts auf einen kleinen Forstweg, der uns um das Dorf führt. Wir umgehen zwar die Ortschaft, haben aber einen wunderschönen Ausblick auf den Čerchov sowie den natürlichen Flusslauf der Schwarzach. Wir bleiben auf diesem Weg und erreichen die Hauptstraße, die uns auf dem Radweg nach Kritzenast leitet. Nun fahren wir rechts einen Feldweg entlang, wo die Natur nicht ursprünglicher sein könnte, denn nicht weit von der Ortschaft entfernt fließen zwei Bachläufe zusammen. Damit sind die Deutsche und die Böhmische Schwarzach gemeint, die weiter in die Naab münden, die dann in die Donau fließt.

Wir bleiben auf diesem Weg und fahren in ein kleines Wäldchen. Dort müssen wir aufpassen, dass wir die Abzweigung nach rechts nicht verpassen. Hier sind sehr viele Schatten spendende Bäume,

Verschwundenes Dorf Untergrafenried

die bei heißen Sommertagen nicht nur angenehm für den Körper, sondern auch für die Seele sind. Es geht weiter auf einer kleinen Asphaltstraße zwischen den Erhebungen Feldbühl und Sinzenberg in das kleine Dorf Biberbach. Wir bleiben auf dieser Vorfahrtsstraße und rollen entspannt entlang der Schwarzach zur Witzelsmühle, an der uns eine Beschilderung nach rechts zum Silbersee ❷ leitet. Diese Straße führt uns zu einem wunderschönen Aussichtspunkt, den viele Stand-Up-Paddler als Einstieg für eine Tour nutzen.

Wir fahren um den östlichen See herum, an einigen Schautafeln vorbei, zum dortigen Segelclub, an dem auch E-Bike-Ladestationen vorhanden sind. Dann geht es weiter die Straße bergauf Richtung Treffelstein, wo wir schon von Weitem die Burgruine Treffelstein, auch Drachenturm ❸ genannt, erblicken. Mit einem Personalausweis oder Führerschein ist er jederzeit zu besichtigen. Wir besteigen ihn und erfahren, dass von der ehemaligen Burganlage nur noch der runde, heute noch 15 Meter hohe Bergfried (Drachenturm) aus Bruchsteinmauerwerk erhalten ist. Von dort hat man eine hervorragende Sicht auf die umliegenden Bayerwaldberge und nach Tschechien.

Danach schwingen wir uns wieder auf die Räder, fahren vom Schlosshof auf die Kirchstraße und zweigen an der Tankstelle rechts vom Schwarzachtal-Radweg ab Richtung Steinlohe. Nach 500 m biegen wir links in einen kleinen Feldweg ein, der uns über weitläufige Felder und blühende Wiesen führt. Auf dieser Strecke abseits der befahrenen Straßen kann man Kraft tanken sowie die vielen Naturschauspiele der Tiere und Pflanzen genießen. Hier erblicken wir auf der linken Seite die Gemeinde Tiefenbach, wo 1907 eine königliche Klöppelschule ❹ gegründet wurde. Dahinter sehen wir auf der Anhöhe einen majestätischen Berg, den Altenschneeberg (765 m), dessen Burgstall auch Schneeberger Schloss genannt wurde. Früher stand hier eine ehemalige hochmittelalterliche bis frühneuzeitliche Adelsburg auf einer Bergkuppe des Schlossbergs.

Unsere Fahrt führt uns weiter durch eine faszinierende, fast unberührte Landschaft nach Breitenried. Wir fahren bergauf durch die Ortschaft und kommen, der Beschilderung folgend, an eine Weggabelung. Hier biegen wir rechts ab in ein fast vergessenes Tal, die Einöde Lenkenthal. Von dort erblicken wir wiederum rechts auf der kleinen Erhebung die Grenzpfosten des tschechischen Grenzgebietes, wo einst Stacheldrähte die Menschen voneinander trennten. Jetzt erobert die Natur dieses „Grüne Band Europas", welch ein Segen.

An der Hauptstraße folgen wir weiter dem Schwarzachtal-Radweg, der links bergauf nach Charlottenthal führt, einem kleinen Grenzdorf, das einen außergewöhnlichen Charme versprüht. Von hier geht es flott bergab auf die Hauptstraße, die uns in das Grenzdorf Schwarzach bringt. Im Ort biegen wir rechts ab und kommen zum Grenzübergang Schwarzach ❺, an dem wir uns

Blick auf Waldmünchen

auf der linken Seite an Übersichtstafeln über das gesamte Rad- und Wandergebiet informieren. Weiter fahren wir auf dem Radweg am Waldrand entlang zu einer Weggabelung. Dort zweigen wir von der Hauptroute ab und fahren rechts bergauf über ein riesiges Feld. Diese ehemalige Patrouillenstraße ist eine richtige Herausforderung, da der Anstieg immer steiler und die Strecke sehr uneben ist. Hier heißt es etwas langsamer fahren und die Kräfte einteilen, da noch einige kleine Anstiege zu überwinden sind. Bei der nächsten Abzweigung geht es rechts auf einem kleinen Feldweg zum Dianahof. Von diesem Aussichtspunkt haben wir einen tollen Blick über das gesamte Lenkenthal bis zum Silberberg.

Weiter fahren wir auf der tschechischen Beschilderung Nr. 12 an kleinen Trinkwasserquellen und den ersten verschwundenen Dörfern Dolni Hut (Unterhütten) und Horni Hut (Oberhütte) vorbei. Hier informieren Gedenktafeln über diese ehemaligen Glashütten und ihre Geschichte. Nach einer lang gezogenen Rechtskurve kommen wir an einem wunderschönen Rastplatz vorbei, auf dem ein Brunnen mit zwei Tassen angefertigt wurde. Diese Pause am steilsten Anstieg der Tour kommt zum richtigen Zeitpunkt, dort können wir auch unsere Wasserflaschen auffüllen. Ab hier geht es noch etwas bergauf, aber die Fahrt in diesem urwüchsigen Wald mit den vielen vermoosten, alten Bäumen fasziniert uns und macht den Anstieg erträglicher. Am Scheitelpunkt angekommen, geht es weiter auf einem Schotterweg in das verschwundene Paadorf (Hranična) 6.

Nach der Vertreibung der Deutschen durch die Tschechoslowakei wurden 1946 die Häuser von Paadorf bis auf einen Dorfteil abgerissen. Weiter geht es mit unseren Rädern in einem Auf und Ab zu den ehemaligen Dörfern Anger und Grafenried. Direkt an der Grenze wurde in Grafenried 7 in mühevoller Kleinarbeit mit Ausgrabungen begonnen, um der Nachfolge-Generation Teile aus dieser furchtbaren Zeit zu erhalten.

Nach der geologisch-historischen Pause, in der wir auf den Schautafeln vieles aus dieser Zeit des Eisernen Vorhangs erfahren haben, fahren wir auf unseren Drahteseln über den Kreuzweg zur Grenze. Dort überqueren wir in Untergrafenried die Hauptstraße und folgen dem Iron-Curtain-Trail Nr. 13. Dieser führt uns links bergab über einen Feldweg und eine Wiese zu einer Weggabelung. Dort biegen wir rechts ab, bleiben auf der Forststraße und fahren die zweite Abzweigung links nach Hammer. Diese Straße am Fuße des Kapellenbergs rollen wir weiter immer geradeaus über Buchwall, dann leicht bergauf bis zum Strandbad Perlsee. Über die Staumauer erreichen wir wieder unseren Parkplatz am Perlsee. Wer noch mehr über die Region und das Freilichtfestspiel „Trenck der Pandur" erfahren möchte, sollte auf jeden Fall nach der Tour im Grenzland- und Trenckmuseum 8 (Schlosshof 4) in Waldmünchen vorbeischauen.

Burgentour
im Schwarzachtal

Auf den Spuren der Glasschleifer, der Raubritter und des Guttensteiners

TOUR
04

Sportanlagen Rötz
Navi: Parkplatz am Irlweiher,
Pfarrer-Schreiner-Straße, 92444 Rötz

Rötz – Hillstett – Gütenland – Frankenthal – Murnthal – Kröblitz – Mitteraschau – Unterwarberg – Frauenhäusl – Prackendorf – Prackendorfer und Kulzer Moos – Dautersdorf – Thanstein – Schwarzwihrberg – Bauhof – Rötz

17,0 km Asphalt, 29,5 km Wald- und Forstwege

Schwarzachtal-Radweg

Diese Tour ist sehr abwechslungsreich und hat alles, was das Radlerherz begehrt. Schöne ebene Strecken am Stausee entlang, hinauf zu außergewöhnlichen Burgen und Kirchen, sowie Abfahrten, die einfach nur Spaß machen. Das Prackendorfer und Kulzer Moos sind zusätzliche Naturoasen, die einem viel Kraft geben. Der erste Abschnitt bis Gütenland mit dem Abenteuerspielplatz und dem Holzkarpfen Eixi ist vor allem für Familien mit Kindern hervorragend geeignet.

Marktplatz Rötz, Freizeitwelle Rötz
Oberpfälzer Handwerksmuseum Hillstett
Panorama-Hotel am See, Gütenland
Burgruine Schwarzenburg am Schwarzwihrberg

Drexler, Schergenstr. 6,
92444 Rötz, Tel. 09976/300

Rötz, Böhmerstr. 18, 92444 Rötz,
Tel. 09976/941160

mittel | 46,5 km | 690 Hm | 3:45 Std.

1 Oberpfälzer Handwerksmuseum
2 Panorama-Hotel mit Holzkarpfen Eixi
3 Das Murnthal
4 Prackendorfer und Kulzer Moos
5 Wallfahrtskirche Schönbuchen
6 Burgruine Thanstein
7 Burgruine Schwarzenburg

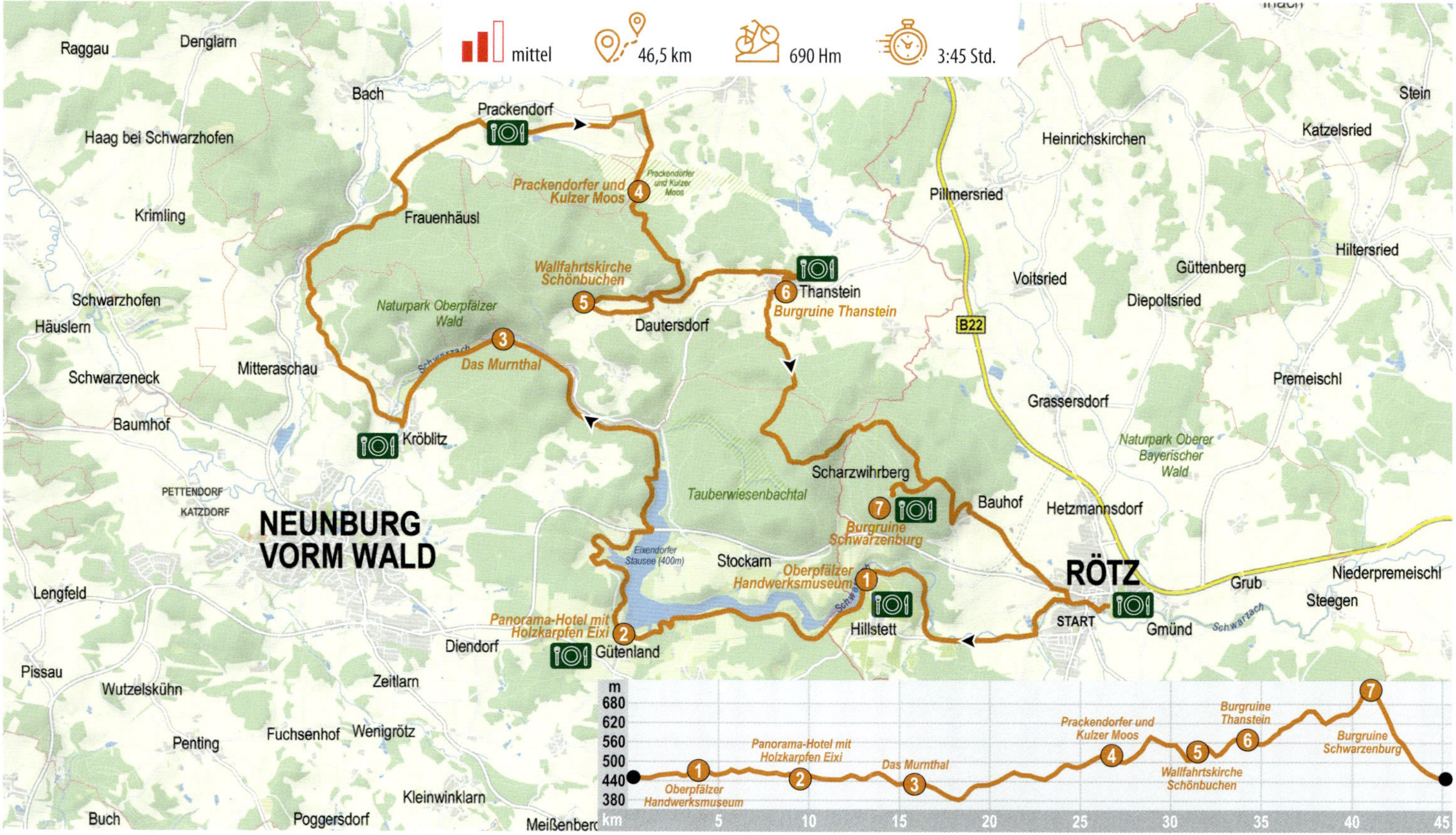

Ausblick auf den Eixendorfer Stausee

Wasserrad am Oberpfälzer Handwerksmuseum

Unsere heutige Tour startet am Parkplatz der Sportanlagen in Rötz, „Am Irlweiher". Den ersten Kilometer fahren wir entspannt durch eine wunderschön anzuschauende Auenlandschaft und rollen uns ein. Es geht direkt an der Schwarzach entlang bis zur Schwarzach-Brücke. Dort fahren wir unter der Brücke durch und orientieren uns an den Übersichtstafeln. Es geht weiter auf einem Forstweg, der uns auf welligem Terrain entlang eines kleinen Bienenlehrpfades bis zum Aktiv- und Abenteuerspielplatz sowie zu der Pumptrack-Anlage führt. Wir überqueren eine Radlbrücke und lassen dieses kleine Familien-Outdoor-Zentrum hinter uns. Jetzt geht es weiter auf einer ehemaligen Bahntrasse, die bis Ende der 1960er-Jahre von Rötz nach Neunburg vorm Wald führte. Parallel zu unserem beschaulichen Fluss fahren wir im Schwarzachtal vorbei an vielen lichten Bäumen und durch verschiedene Felsformationen. Kurz vor Hillstett kommen wir auf die Zufahrtsstraße zum Oberpfälzer Handwerksmuseum ❶. Hier biegen wir scharf rechts ein und stehen vor einer riesigen, stillgelegten Dampflokomotive. Sie ist aus dem Jahre 1934 und soll an die frühere Eisenbahnlinie erinnern. Daneben befindet sich ein Spezialmuseum, das das Handwerk in der Oberpfalz um 1900 mit eindrucksvollen Exponaten zeigt. Wir fahren am Salzfriedl entlang, einem Waldlerhaus in Blockbauweise, das heute als Museumsschänke betrieben wird. Daneben kommen wir an einer alten Hammerschmiede vorbei, an der Wasserräder am Wegesrand auf diese alte Handwerksarbeit hinweisen. Unsere

Route führt uns über den beschilderten Eixendorfer Seeweg im lichten Laubwald entlang des Ufers, wo wir die angenehme Stimmung genießen. Der Eixendorfer See dient als Hochwasserrückhaltebecken und wurde 1975 das erste Mal geflutet. Unsere Blicke wandern weiter über den See zur Eixendorfer Brücke, die majestätisch am Fuße des Schwarzwihrs und des Eibensteins liegt. Wir fahren gemächlich weiter und kommen auf einen schmalen Waldweg, der sich am Ufer entlangschlängelt und uns zum Campingplatz nach Gütenland bringt. Hier lohnt sich ein kleiner Abstecher zum 300 Meter entfernten Panorama-Hotel am See 2 mit Restaurant und Abenteuerspielplatz (Holzkarpfen-Eixi).

Danach fahren wir zurück zur Abzweigung und folgen der Beschilderung, die uns am südwestlichen Ufer des Sees entlangleitet. Nach ca. 400 m führt uns ein kleiner Waldweg bergab zum (Boots)-Anlegeplatz des Yachtclubs Neunburg vorm Wald. Wir fahren an den Booten vorbei zum Ufer und nutzen diesen Weg zur Weiterfahrt. Parallel zur Straße verläuft unsere Trasse, die an einem Parkplatz endet. Diesen überqueren wir, fahren über ein freies Feld und halten uns weiter an die Beschilderung des Schwarzachtal-Radweges. Hier geht es rechts leicht bergab, unter der Brücke durch und weiter auf einem Waldweg bis zum Staudamm. Nach einer kurzen Verschnaufpause fahren wir weiter auf einem unbefestigten Waldweg über Frankenthal in das mystische Murnthal 3, das früher zu den größten Glasschleifwerken Deutschlands zählte.

Die Schwarzach, die uns am Fuße der Kupferplatte begleitet, lenkt uns weiter bis nach Kröblitz. Dieser Ort bietet sich dafür an, eine längere Pause einzulegen, denn die Schlossgaststätte Kröblitz ist mit ihrem Biergarten und den vielen regionalen Gerichten die ideale Anlaufstation. Nach einer Stärkung schwingen wir uns wieder auf unseren Drahtesel und fahren zur Abzweigung zurück. Hier trennen wir uns vom Schwarzachtal-Radweg, der weiter über Neunburg vorm Wald nach Schwarzenfeld führt. Für uns geht die Fahrt auf einer kleinen asphaltierten Straße bergauf Richtung Mitteraschau weiter. Oben an der Kuppe angekommen halten wir uns rechts und rollen am Waldrand entlang. Über Unterwarberg kommen wir nach Frauenhäusl, wo uns der Aschatal-Radweg bis nach Prackendorf leitet. In

Fahrt am Waldrand des Prackendorfer Mooses

Blick vom Burgturm in Thanstein

dieser kleinen beschaulichen Ortschaft rollen wir zur Ortsmitte, wo wir eine außergewöhnliche Granit-Sonnenuhr entdecken und uns diese näher anschauen. Nach einem kurzen lehrreichen Zwischenstopp geht es aus der Ortschaft heraus, wieder in Richtung Landstraße, wo wir nach einer ca. 400 Meter langen Bergauf-Passage eine eindrucksvolle Aussicht auf die Achttausender des bayerischen Grenzkamms haben. An dieser Anhöhe biegen wir rechts ab und erblicken das imposante Naturparadies Prackendorfer und Kulzer Moos 4. Es geht weiter auf einer Plattenstraße hinab in das riesige Terrain der Moorlandschaft. Dort angekommen fahren wir auf einem Forstweg vorbei an den Lehrtafeln des größten Moorgebietes des Oberpfälzer Waldes. Nach kurzer Zeit radeln wir zu einer Abzweigung, an der wir einen kleinen Abstecher zu einem besonderen Natur-Highlight machen sollten, dem Moorlehrpfad.
Am besten das Rad stehen lassen und zu Fuß auf diesem hölzernen Bohlenweg entlangmarschieren. Hier sieht man eine atemberaubende, mystische Moorkulisse. Wir marschieren den gleichen Weg zurück, schwingen uns wieder auf das Rad und fahren den Waldweg weiter. Nach kurzer Zeit kommen wir an eine Gabelung, an der wir links abbiegen und steil bergauf durch ein riesiges Waldgebiet zur Hauptstraße fahren.
Auf dieser erreichen wir die kleine Ortschaft Dautersdorf. In der Ortsmitte biegen wir rechts ab und fahren am Ortsende einen kleinen beschilderten Trail, an dem wir links abbiegen, bergab entlang des Kreuzweges zur Wallfahrtskirche Schönbuchen 5. Wer Lust hat, kann diese kleine sehenswerte Kapelle besichtigen und kurz innehalten. Wir fahren nach der kleinen Pause weiter den Waldweg bergab, biegen links in den Feldweg und radeln weiter bergauf wieder nach Dautersdorf zurück. In der Ortsmitte führt uns rechts eine Straße bergab. Achtung: Nun müssen wir aufpassen, da während der Abfahrt ein kleiner Feldweg links abzweigt. Wir folgen dem Weg, der uns steil bergauf nach Thanstein führt. Am Ortseingang fahren wir links die Burgstraße entlang, der wir leicht bergab zur Burgruine Thanstein 6 folgen. Von der ehemaligen Burg sind noch der runde

Bergfried sowie Mauerreste erhalten. Der 17 Meter hohe Rundturm kann über eine hölzerne Treppe bestiegen werden. Wir radeln nach der Besichtigung ein kurzes Stück die gleiche Strecke zurück bis zur ersten Querstraße, die uns am Friedhof und der Kirche vorbei hinunter zum Bründlsteinweg führt. Von dort geht es links über den Dorfplatz und gleich wieder rechts zur Eibensteinstraße. Diese Hauptstraße rollen wir entlang Richtung Ortsausgang, ehe wir unmittelbar nach dem Autohaus Meixensberger links abbiegen. Jetzt geht es gemächlich über weite Wiesen einen Schotterweg entlang, den wir nach kurzer Zeit links abbiegend wieder verlassen. Weiterführend folgen wir einem leicht ansteigenden Forstweg, der uns zu einer Lichtung führt. Hier tauchen wir in ein wahres Waldmeer ein und fahren ca. 2 km bergauf am Oberen Eibenstein vorbei bis zur Kuppe, wo es rasant bergab zur Sattelhütte geht. Hier ist ein richtiger Knotenpunkt mit vielen Beschilderungen für Wanderer, Nordic-Walker und Radfahrer. Wir orientieren uns, fahren links auf der Forststraße weiter und biegen nach wenigen Metern an der Kreuzung rechts auf den Forstweg ab, der sich den Schwarzwihrberg hochschlängelt. Kurz vor dem höchsten Punkt führt ein kleiner beschilderter Trail rechts zur Forststraße – dem sogenannten „Bierweg" – hoch, der uns steil bergauf direkt zur Burgruine Schwarzenburg 7 bringt. In diesem Areal, in dem der Aussichtsturm, der Batterieturm und Mauerreste erhalten sind, wurde bis 2015 das Freilichtfestspiel „Der Guttensteiner" aufgeführt. Nach einem kurzen, wunderschönen Ausblick vom Turm über das Schwarzachtal und einer deftigen Brotzeit in der Schwarzwihrberghütte geht es weiter.

Wir rollen die Forststraße („Bierweg") im schnellen Tempo hinunter bis zur Ortschaft Bauhof, zweigen im spitzen Winkel links ab und kommen an den sehr guten Gasthäusern „Hundehotel Bergfried" und „Bauhofer Wirt" vorbei. Die letzten zwei Kilometer führen uns rasant bergab nach Rötz. Hier biegen wir an der evangelischen Kirche links in die Neunburger Straße ein, bleiben ca. 300 Meter darauf und zweigen gegenüber dem NETTO rechts in den Rödelangerweg. Am Ende der Tour fahren wir links auf identischer Strecke zu unserem Ausgangspunkt, dem Parkplatz an den Sportanlagen, zurück.

NATURSCHUTZGEBIET PRACKENDORFER UND KULZER MOOS

In diesem Naturareal gilt es, die kleinen und großen Wunder zu erforschen. Hier heißt es Augen offen halten und der Natur lauschen, denn im urwüchsigen Moorwald gibt es vieles zu entdecken. Die geheimnisvollen Moorgewässer zwischen Birken-Moorwald und Erlenbruchwald sind Heimat vieler gefährdeter Arten der Roten Liste. Auf einem 3 Kilometer langen Moor-Lehrpfad erfahren die interessierten Naturfreunde vieles über Flora und Fauna, seltene Tiere und die Geschichte dieser Moorlandschaft.

Panoramatour
im Land der Regenbogen

Durch das Naturschutzgebiet Rötelseeweiher zum Neubäuer See

TOUR 05

Cham, Quadfeldmühle Parkplatz
Navi: Janahofer Straße, 93413 Cham

Cham – Untertraubenbach – Pösing – Strahlfeld – Neubäu – Roding – Obertraubenbach – Thierlstein-Laichstätt – Cham

39,7 km Asphalt , 1,0 km Schotter / 45,0 km Asphalt, 4,0 km Schotter

Bis Untertraubenbach auf dem Regental-Radweg, ansonsten muss man sich an den Ortschaften orientieren, die beschildert sind.

Diese Tour ist für Genießer und Erholungssuchende. Mit vielen unterschiedlichen Sehenswürdigkeiten ist die Strecke hervorragend bereichert.

Marktplatz Cham, Floßhafen Cham, Steinmarkt Cham, Stadtwerke Cham, Further Str. 4, 93413 Cham, Seebad Neubäu, Seestr. 4, 93426 Roding, Am Heilbrünnl, Heilbrünnl 2, 93426 Roding, Rathaus Roding, Schulstr. 15, 93426 Roding, Freizeitgelände am Esper, Bahnhof Roding

Zweiradcenter Diermeier,
Rodinger Str. 13, 93413 Cham
Bike-Stop Luithardt
In der Grube 1, 93466 Chamerau
Sepp's Radlstol,
Weiher 4a, 93494 Waffenbrunn

Cham, Propsteistr. 46,
93413 Cham, Tel. 09971/8579410
Roding, Schulstr. 17A, 93426 Roding,
Tel. 09461/9418-927

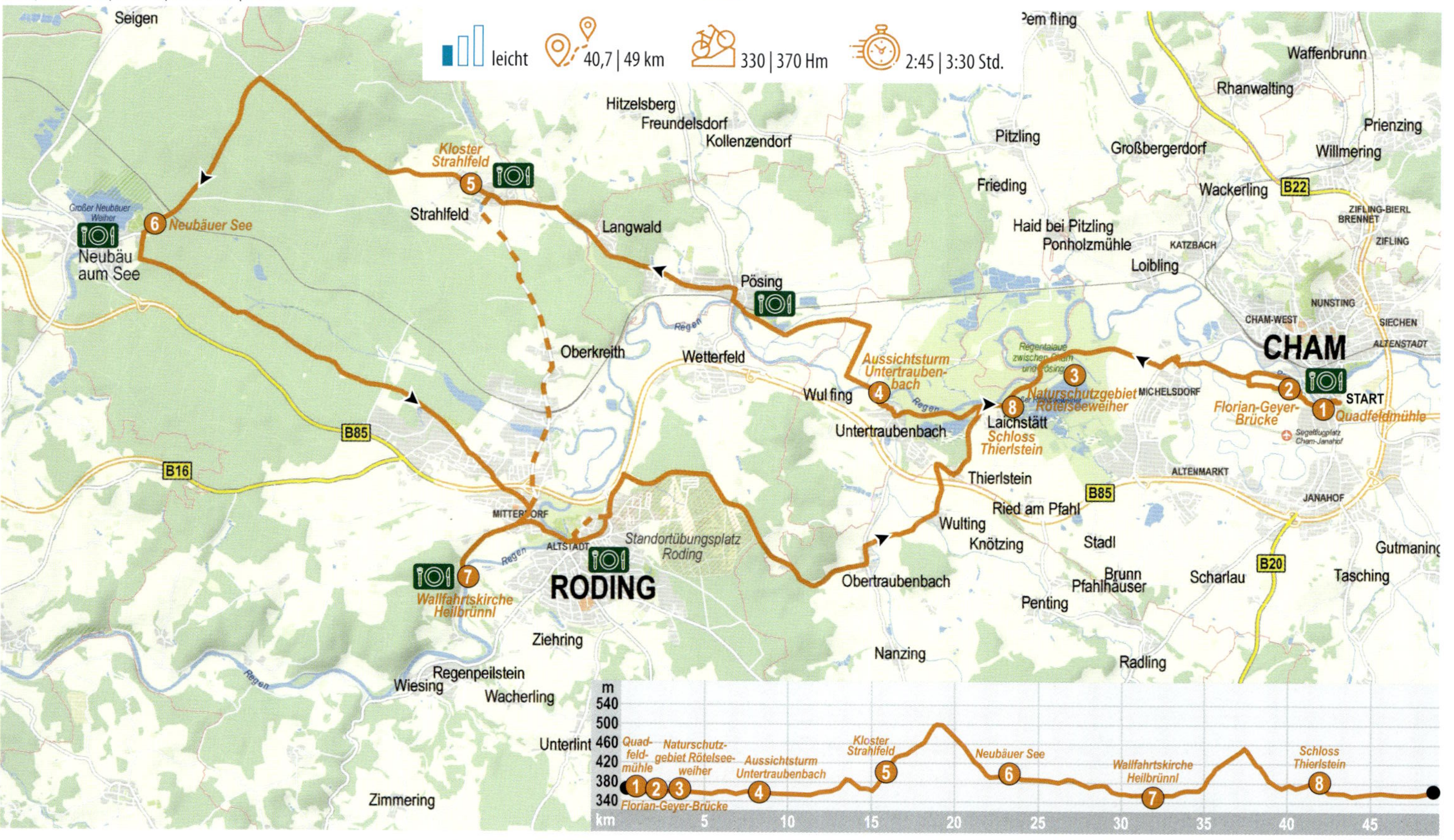
leicht
40,7 | 49 km
330 | 370 Hm
2:45 | 3:30 Std.
START
1 Quadfeldmühle
2 Florian-Geyer-Brücke
3 Naturschutzgebiet Rötelseeweiher
4 Aussichtsturm Untertraubenbach
5 Kloster Strahlfeld
6 Neubäuer See
7 Wallfahrtskirche Heilbrünnl
8 Schloss Thierlstein
CHAM
RODING
Neubäu aum See
Großer Neubäuer Weiher
Seigen
Strahlfeld
Langwald
Hitzelsberg
Freundelsdorf
Kollenzendorf
Pösing
Oberkreith
Wetterfeld
Wulfing
Untertraubenbach
Laichstätt
Thierlstein
Ried am Pfahl
Wulting
Knötzing
Obertraubenbach
Standortübungsplatz Roding
Mitterdorf
Altstadt
Ziehring
Regenpeilstein
Wiesing
Wacherling
Unterlint
Zimmering
Nanzing
Penting
Brunn
Pfahlhäuser
Stadl
Radling
Scharlau
Tasching
Gutmaning
Janahof
Altenmarkt
Michelsdorf
Pitzling
Frieding
Haid bei Pitzling
Ponholzmühle
Katzbach
Loibling
Großbergerdorf
Wackerling
Rhanwalting
Waffenbrunn
Prienzing
Willmering
Zifling-Bierl
Brennet
Zifling
Nunsting
Cham-West
Siechen
Altenstadt
Regen
B85
B16
B22
B20
m
540
500
460
420
380
340
km
5
10
15
20
25
30
35
40
45

Blick auf den Neubäuer See

Die Tour startet am Parkplatz der Quadfeldmühle ①. Wir folgen links dem Regental-Radweg, der uns unter der Brücke durchführt und am Radpavillon mit seiner umfassenden Beschilderung entlangleitet. Geradeaus geht es über einen schmalen Weg auf die Adolph-Kolping-Straße. Hier zweigen wir vom Regental-Radweg kurz ab und fahren rechts zur Florian-Geyer-Brücke ②, die 1959 dem Regisseur Bernhard Wicki als Kulisse für den preisgekrönten Antikriegsfilm „Die Brücke" diente. Weiter geht es den Michelsdorfer Weg entlang, wo uns parallel das liebliche Fließgewässer des Flusses Regen begleitet. In Michelsdorf angekommen, folgen wir rechts der Beschilderung des Regental-Radwegs, die uns unter der Brücke durch und nach 500 m rechts in das Naturschutzgebiet Rötelseeweiher ③ führt. Man kann am Parkplatz unter einer Linde das Fahrrad kurz stehen lassen und einen Abstecher in das Naturschutzgebiet „Regentalaue" machen. In diesem Naturareal bieten sich dem Beobachter ganzjährig Möglichkeiten, die Tierwelt, im Besonderen aber die Vogelwelt zu beobachten. Wir fahren weiter und reduzieren etwas die Geschwindigkeit, um die Ruhe und die Naturschauspiele einiger Vogelarten auf uns wirken zu lassen. Über Laichstätt kommen wir nach Untertraubenbach, wo wir in der Ortschaft an der Weggabelung rechts abzweigen, an der Kirche vorbeifahren und nach der Kurve wieder rechts zur Regenbrücke fahren. Hier verlassen wir den Regental-Radweg, der kurz vorher abzweigt und nach Regensburg führt. Die Radlerbrücke überqueren wir und genießen vom gegenüberliegenden 12 Meter hohen Aussichtsturm ④ den Ausblick. Von dort fahren wir die gegenüberliegende Flurstraße weiter am Regen entlang, die sich über das gesamte Regental nach Pösing schlängelt. Kurz vor der Ortschaft fahren wir am Badeweiher vorbei und stoßen auf die Hauptstraße. Hier bleiben wir rechts auf der Vorfahrtsstraße und fahren nach der Kurve Richtung Strahlfeld. Dort angekommen geht es einen kleinen Anstieg hinauf bis zur Beschilderung. Dort haben wir zwei Optionen: Entweder wir nehmen die leichte Variante links auf den Radweg nach Mitterdorf oder die etwas längere Strecke über Neubäu nach Mitterdorf. Wir entscheiden uns für die zweite Variante und fahren rechts bergauf in

Das imposante Kloster Strahlfeld

die Ortschaft hinein, wo auf der linken Seite das Kloster Strahlfeld 5 beheimatet ist. Es ist seit 1917 ein Kloster der Missionsdominikanerinnen vom Hl. Herzen Jesu Kloster St. Dominikus und wird mittlerweile als „Haus der Begegnung für Jung und Alt" genutzt. Hier halten wir uns etwas länger auf und wissen, dass wir nicht das letzte Mal hier waren, denn an diesem angenehmen Ort der Ruhe und der Besinnung kann man wirklich Kraft tanken.

Wir fahren weiter, bleiben auf der Straße und erblicken an der Kuppe links die Beschilderung nach Neubäu. Diese kleine Nebenstraße fahren wir entlang und kommen zu einer wunderschönen, blühenden Wiese, die uns einen weiten Blick über die Hügel des Vorderen Bayerischen Waldes erlaubt. Die folgende Abfahrt führt uns auf einer endlos langen Straße, eingerahmt von großen Fichten- und Nadelbäumen, durch den Neubäuer Wald. Kurz vor dem Ende der Straße geht es rechts zu der etwas versteckten Burgruine Schwärzenburg, wo sich ein kleiner Besuch auf jeden Fall lohnt.

Nun geht es zurück auf unsere Straße, wo wir an der nächsten Abzweigung nach links fahren und weiter über die Brücke des Neubäuer Bahnhofs nach Neubäu am See 6. Das Strandbad und die Gastronomiebetriebe laden förmlich zum Verweilen, Baden oder zum Einkehren ein. Nach einer wohlverdienten Pause auf der Seeterrasse treten wir unsere Heimreise an und fahren vom Strandbad links die Schwärzenbergstraße zurück und die Forststraße rechts entlang. Am Waldrand führt uns der Weg zu einer kleinen Kreuzung, die wir nutzen, um in den Neubäuer Wald zu fahren. Hier geht es auf einem gut befestigten Forstweg immer geradeaus an vielen großen Baumkronen vorbei über Mitterkreith nach Mitterdorf. Wir stoßen auf die Bahnhofstraße an der wir rechts abbiegen, und da wir noch einen Abstecher zur Wallfahrtskirche Heilbrünnl machen wollen, biegen wir gleich wieder rechts in die Krämergasse ab. Weiterführend kommen wir auf die Heilbrünnlstraße, die uns zur Wallfahrtskirche bringt. Die Wallfahrtskirche Heilbrünnl 7 ist eine von 13 Wallfahrtskirchen im Bistum Regensburg, die mit Quellen in Verbindung gebracht werden. Mitten im Kirchenschiff wird in einem Marmorbecken das Wasser der Heilbrünnlquelle aufgefangen, das vor allem bei Augenleiden helfen soll.

Nach einer interessanten Besichtigung und einer kleinen Pause fahren wir die gleiche Strecke zurück auf die Hauptstraße, die uns zur Brücke über den Fluss Regen und zum Esper führt. Hier in Roding stoßen wir wieder auf den Regental-Radweg, an dessen Beschilderung wir uns kurz orientieren und sehr gut durch die Stadt zur Arnulf-Kaserne geleitet werden. Wir fahren weiter über den Kreisverkehr eine kleine Straße Richtung Cham und verlassen nach kurzer Zeit den Regental-Radweg Richtung Kagerhof. Die nächsten zwei Kilometer gehen etwas steiler bergauf, am Standortübungsplatz Roding vorbei bis zu einer Anhöhe vor Kagerhof. Eine kurze Verschnaufpause beschert uns einen weiteren eindrucksvollen Blick, dieses Mal nach Wetterfeld und Stamsried. Die Abfahrt nach Obertraubenbach ist der Lohn dieses Anstieges. In der idyllischen Ortschaft biegen wir links ab und fahren am Ende eine kleine Straße rechts nach Wulfing. Dort strampeln wir über weitläufige Felder in das kleine Dorf und halten uns links, wo wir schon das ehemalige Schloss Thierlstein 8 erblicken. Nach einem kurzen letzten Anstieg haben wir es fast geschafft und stehen vor der schmucken Schlossbrauerei Thierlstein. Wir fahren rechts neben dem Gebäude vorbei und stoßen nach einer rasanten Abfahrt wieder auf Laichstätt. Es geht heimwärts wieder über das Naturschutzgebiet Rötelseeweiher nach Cham und die letzten zwei Kilometer auf dem Radweg zurück zur Quadfeldmühle.

Rund um die Burg
Falkenstein

Bizarre Felsen, eindrucksvolle Täler, herrliche Fernsicht

TOUR
06

Falkenstein, Parkplatz Erlebnis-Freibad
Navi: Badstraße, 93167 Falkenstein

Falkenstein – Marienstein – Au – Dörfling – Woppmannsdorf – Schwaighof – Fingermühl – Witzenzell – Eckerzell – Arrach – Ebersroith – Rettenbach – Ruderszell – Tannerl – Falkenstein

5 km Waldweg, 26,7 km Asphalt

Radwegemarkierungen gibt es leider nur von Rettenbach bis zur Tannerl-Kapelle. Jeder Biker sollte sich ansonsten an den Ortsnamen orientieren.

Auf dieser Panorama-Tour mit vielen kleinen Anstiegen sollten die meisten Radfahrer mit dem E-Bike fahren. Wer konditionell gut ist oder schon viele Touren unternommen hat, kann diese Strecke auch mit dem normalen Mountainbike problemlos meistern.

Rathaus Falkenstein (Parkplatz), Markplatz 1

Kein Fahrradgeschäft. Erst wieder in Wörth a. d. Donau, RABE Bike, Gewerbepark B5, 93086 Wörth a. d. Donau

Falkenstein, Marktplatz 1,
93167 Falkenstein, Tel. 09462/942220

mittel | 31,7 km | 530 Hm | 2:30 Std.

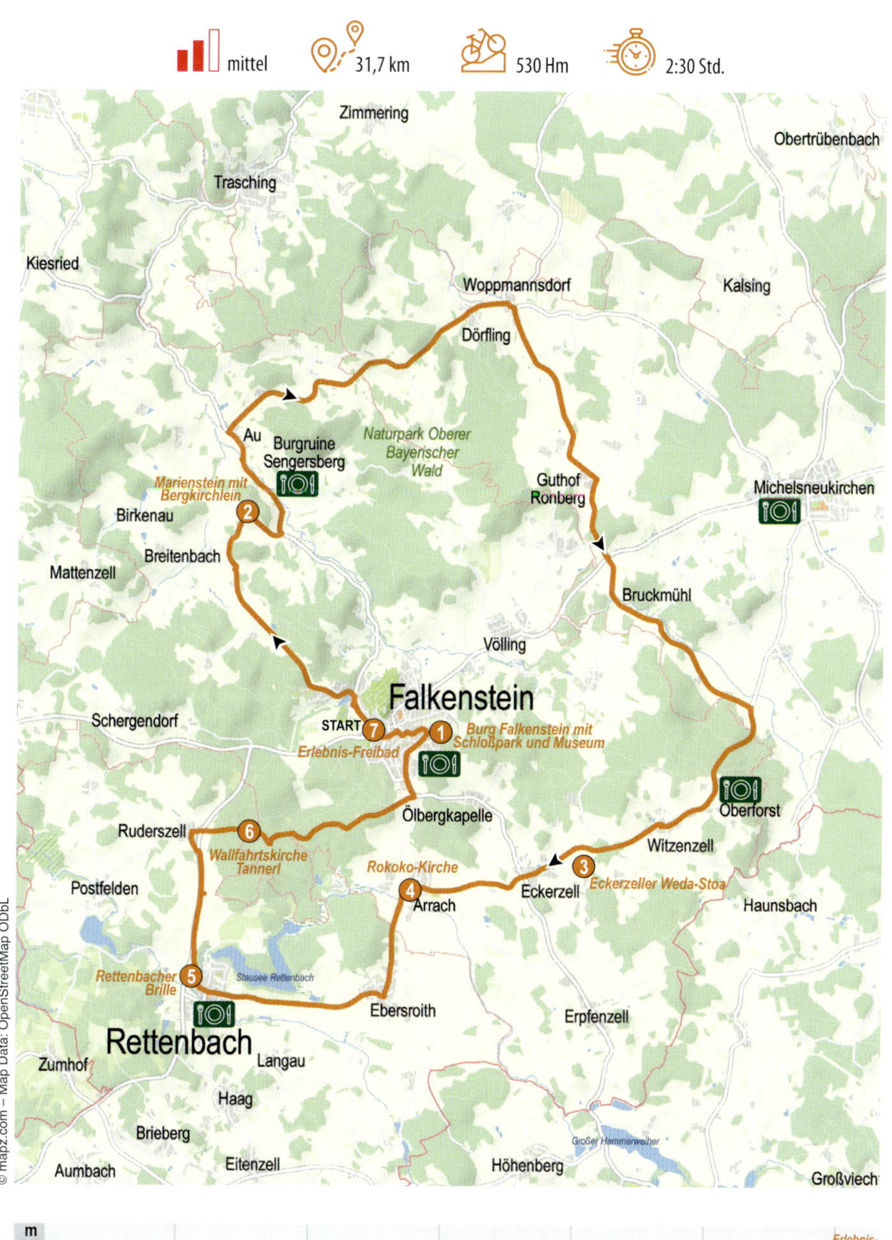

Das Froschmaul im Schlosspark

Tor zur Himmelsleiter

Der Falkensteiner Vorwald im Naturpark Oberer Bayerischer Wald hat für Genuss-Radler vieles zu bieten. Die Burg Falkenstein ❶, welche auf einem 60 Meter aufsteigenden Granitkegel inmitten des zweitgrößten Natur- und Felsenparks Bayerns steht und das Wahrzeichen dieser Region ist, habe ich deshalb als idealen Ausgangspunkt unserer heutigen Tour auserkoren.

Unsere Tour startet am Parkplatz des wunderschönen Erlebnis-Freibades am Fuße der Burg. Wir schwingen uns auf unser Rad und freuen uns auf den heutigen Radl-Tag, auf der uns eine Strecke erwartet, die abwechslungsreich, wellig und fast durchasphaltiert ist. Es geht vom Parkplatz links auf die Doktor-Josef-Kiener-Straße, dort am Bushäuschen vorbei und im spitzen Winkel links der Beschilderung folgend Richtung Breitenbach. Nachdem wir den Teich und das Freibad hinter uns gelassen haben, rollen wir uns gemütlich ein und nehmen den ersten Anstieg ganz locker in Angriff. Am Ortsende sehen wir schon auf der Anhöhe die vielen Baumkronen und tauchen ein in die fürstlichen Waldungen des Thurn-und-Taxis-Privatbesitzes. Am höchsten Punkt dieses beschaulichen Areals geht es an einer Sitzgruppe vorbei sowie auch ein kurzes Stück entlang am Goldsteig-Wanderweg. Wir orientieren uns kurz an der Lamellentafel und genießen die rasante Abfahrt, die uns, am Fuße des Lauberbergs an wuchtigen Felsen entlangführt. Hier nehmen wir den Schwung aus der Abfahrt mit und meistern einen kurzen Anstieg, ehe unsere Route wieder bergab verläuft. Kurz vor Breitenbach müssen wir

Blick auf Marienstein

aufpassen, da es scharf rechts Richtung Marienstein geht. Wir zweigen von der Hauptstraße ab und fahren eine kleine Nebenstraße am idyllischen Waldrand entlang. Diese führt uns am Übungsgelände des hiesigen Schäferhundevereins vorbei, wo uns am Ende des Parcours ein eindrucksvoller Ausblick auf einen kleinen Weiler mit der dazugehörigen Kirche von Marienstein 2 vergönnt ist. Rechts vor uns breitet sich das verträumte Perlbachtal aus, in das wir uns sofort bergab treiben lassen. Unten angekommen, fahren wir links am lieblichen Perlbach entlang und entdecken auf der rechten Seite an gepflegten Wiesenhängen markante Felserhebungen. Ganz entspannt radeln wir an diesen vorbei und sind begeistert von dieser Natur mit ihren unterschiedlichen Facetten sowie der Stille in diesem Tal. Wir kommen in die kleine Ortschaft Au und

Herrliches Panorama bei Guthof Ronberg

Eckerzeller Wedastoa

Naturkino an der Ölbergkapelle

nutzen die Bushaltestelle, um eine kleine Trinkpause einzulegen, da uns auf den nächsten sieben Kilometern zwei steilere Anstiege erwarten. Danach biegen wir rechts ab und fahren Richtung Dörfling. Es geht die ersten Meter vorbei an vielen blühenden Wiesen und einigen landwirtschaftlichen Feldern immer steil bergauf. Gerade hier sollte man schauen, dass man keinen zu harten Gang tritt. So kann auch ein schwerer Anstieg zum Genuss werden. In einer langgezogenen Serpentine führt die Straße nach Hutting und weiter glücklicherweise wieder etwas bergab nach Dörfling. Wir kommen in der Ortsmitte an, halten kurz vor dem Gebäude der Feuerwehr Dörfling, orientieren uns an der Regionstafel und erfahren, dass von hier aus viele Wanderer zum sogenannten Schwammerlstein und zu der Felsformation Amselkirche wandern. Unglaubliche Naturdenkmäler aus Stein, die ihresgleichen suchen und ein Hingucker für Jung und Alt sind.

Wir rollen weiter bergab an dem Fußballplatz und dem kleinen Spielplatz vorbei nach Woppmannsdorf. In der Ortschaft biegen wir rechts in die Vorfahrtsstraße ein und kurz darauf wieder rechts der Beschilderung folgend Richtung Guthof Ronberg. Nun steht uns ein weiterer langer Anstieg bevor, den wir aber langsam hochfahren, wobei wir in einer wahren Bilderbuchlandschaft diese Bergaufpassage genießen. Am Weiler Ronberg angekommen haben wir eine sensationelle Sicht auf die Grenzberge Hohenbogen und Čerchov sowie die vielen Berge rund um Sankt Englmar. Am Feldkreuz und an der kleinen Unterstellhütte geht es noch ein kurzes Stück weiter bis zur eigentlichen Kuppe. Dort biegen wir rechts ab und genießen die rasante Abfahrt bis zur Bundesstraße. Diese überqueren wir und kommen auf den Festspiel-Radweg, der uns allerdings nur 500 Meter begleitet. In einer Linkskurve geht es für uns weiter über den Perlbach durch Fingermühl nach Brückmühl. Hier sehen wir das Gestüt des Pferdeflüsterers Bernd Hackl, bekannt aus Funk und Fernsehen, der sich an diesem idyllischen Ort mit der 7P-Ranch ein tolles Pferdeareal mit Rundum-Betreuung aufgebaut hat.

Wir fahren an dem großen Gelände langsam vorbei und folgen weiter dieser Straße, die leicht bergauf durch den ruhig gelegenen Weiler Obermühl verläuft. An der nächsten Gabelung halten wir uns gleich rechts und treten noch einmal kräftig in die Pedale, denn vor unserer Pause steht uns noch ein kleiner Anstieg bevor. Es geht durch einen schattigen Mischwald, der noch einmal Körper und Geist richtig guttut, ehe wir nach Oberforst kommen. Dort empfängt uns das Gasthaus „zur Hüttn" mit seiner heimeligen Terrasse.

Hier legen wir eine kleine Rast ein und unterhalten uns mit einheimischen Bikern, die uns einiges über ihre Heimat erzählen. Nach einer Brotzeit und einem kühlen Getränk geht es weiter. Auf dieser ruhigen Asphaltstraße fahren wir über Witzenzell durch ein kleines Waldstück und über einem weiteren kurzen Anstieg Richtung Eckerzell. Von Weitem sehen wir schon eine markante große Linde, die uns den Weg weist und uns zu einen weiteren kurzen Halt veranlasst. Durch Zufall entdecken wir am 2. Gebäude dieses Dorfes etwas Kurioses. Einen Stein an einer Schnur, mit einem kleinen Denkanstoß auf Bayerisch – Den Eckerzeller Weda-Stoa (Wetterstein) 3. Diesen sollte man sich unbedingt anschauen und den boarischen Text übersetzen.

Wir verlassen Eckerzell Richtung Westen, überqueren die Staatsstraße Falkenstein – Wiesenfelden und rollen über wunderschöne Felder Richtung Arrach. Auf einer kleinen Anhöhe erkennen wir die Zwiebeltürme von Arrach. Wir fahren am Sportplatz entlang und kommen nach Arrach, wo wir an der ausdrucksstarken Rokoko-Kirche „St. Valentin" 4 vorbeifahren. Sie ist ein Juwel des Rokoko und auf jeden Fall einen Besuch wert. In der Ortsmitte führt uns der weitere Streckenverlauf links die Dorfstraße entlang über die Hochstraße nach Ebersroith. Hier biegen wir der Hauptstraße folgend rechts ab und sehen von Weitem Rettenbach. Nun geht es leicht bergab und wie aus dem Nichts taucht vor der Ortschaft rechts der riesige Stausee von Rettenbach auf, ein Paradies für Angler, die hier viele mitteleuropäische Fischarten vorfinden. Bei der Einfahrt in die Dorfmitte kommen wir am Rettenbacher Hof vorbei, biegen aber nicht links nach Wörth an der Donau ab, sondern fahren geradeaus an der Kirche entlang bis zur „Rettenbacher Brille" 5. Damit ist eine kleine Brücke gemeint, die einer Brille täuschend ähnlich sieht und durch die ein dahinplätschernder Bach in den Stausee fließt. Wir fahren über die Brücke und folgen der Radwegebeschilderung Rettenbach – Tannerlkapelle. Eine idyllische Straße führt uns leicht bergauf zur Staatsstraße, an der wir auf einem ein Kilometer langen neu asphaltierten Radweg entlang Richtung Ruderszell fahren. Kurz vor der Ortschaft überqueren wir die Hauptstraße und kommen in die Dorfmitte. Hier halten wir uns rechts, und wieder geht es über die Staatsstraße. Ein kleiner Wander-Parkplatz gibt uns anhand einer Beschilderung den weiteren Weg vor. Wir schieben die nächsten 200 m über einen kleinen unebenen Trail bergauf und schwingen uns am Waldrand wieder auf unser Bike. Dieser Waldweg führt uns zur Tannerl-Kapelle 6, die als geweihte Wallfahrtskapelle aus dem späten 17. Jahrhundert auch überregional bekannt ist. An diesem bemerkenswerten Ort trifft man immer wieder Wanderpilger oder auch Radfahrer, die diese Kapelle als Ziel auserkoren haben. Weiter geht es den Goldsteig entlang auf einem Forstweg bis zur Ölbergkapelle. Hier ist ein weiterer außergewöhnlichen Ort, von wo aus man einen tollen Blick aus dem Natur-Kino auf die Marktgemeinde Falkenstein mit seiner mittelalterlichen Burg hat. Nun geht es nur noch bergab, zuerst auf dem Radweg, dann auf der Straubinger Straße und der Bahnhofstraße direkt in die Ortsmitte von Falkenstein. Weiter fahren wir links über die Regensburger Straße und ab der Tankstelle rechts die Doktor-Josef-Kiener-Straße bis zu unserem Start- und Zielort, dem Parkplatz am Freibad.

Nach dieser abwechslungsreichen Tour, in der wir um viele Eindrücke reicher geworden sind, können wir uns im Erlebnis-Freibad 7 erst einmal erholen. Wer noch gut zu Fuß ist, sollte einen abschließenden Spaziergang auf die Burg Falkenstein mit dem angrenzenden Schlosspark, seinen bizarren Felsformationen sowie dem Museum „Jagd und Wild" unternehmen.

Vom Kurpark
zum Höllensteinstausee

Kunst- und Kultur-Tour im Kötztinger Land

TOUR
07

Kurpark Bad Kötzting, Parkplatz Ludwigstraße
Navi: Ludwigstraße, 93444 Bad Kötzting

Bad Kötzting – Blaibach – Miltach – Altrandsberg – Moosbach – Viechtafell – Krailing – Höllensteinstausee – Hafenberg – Bad Kötzting

5,3 km gut zu fahrender Schotterweg,
28 km Asphalt

Von Bad Kötzting bis Miltach geht es auf dem Lamer-Winkel-Arber-Radweg und von Miltach bis Altrandsberg auf dem Donau-Regen-Radweg entlang, ansonsten bitte an den Ortsschildern orientieren.

Die ersten 15 Kilometer wird auf den zwei beschilderten Radwegen bis Altrandsberg überwiegend in der Ebene gefahren. Ab Altrandsberg wechseln sich knackige Anstiege und schöne Abfahrten ab.

Kur- und Gästeservice Bad Kötzting
Tourist-Info Blaibach
Brauerei-Gasthof Lindner, Bad Kötzting
Hotel zur Post, Bad Kötzting
Enoteca Luca, Bad Kötzting
Café Waffel (Otto Baier), Miltach
Pizzeria de Chiara, Miltach

Tom's Sport Stadl, Weißenregener Str. 15
93444 Bad Kötzting, Tel. 09941/2435
Jo's Fahrradstadl, Mühlgasse 5,
93476 Blaibach, Tel. 0160/92679450

Bad Kötzting (Kur- und Gästeservice),
Bahnhofstr. 15, 93444 Bad Kötzting,
Tel. 09941/40032150

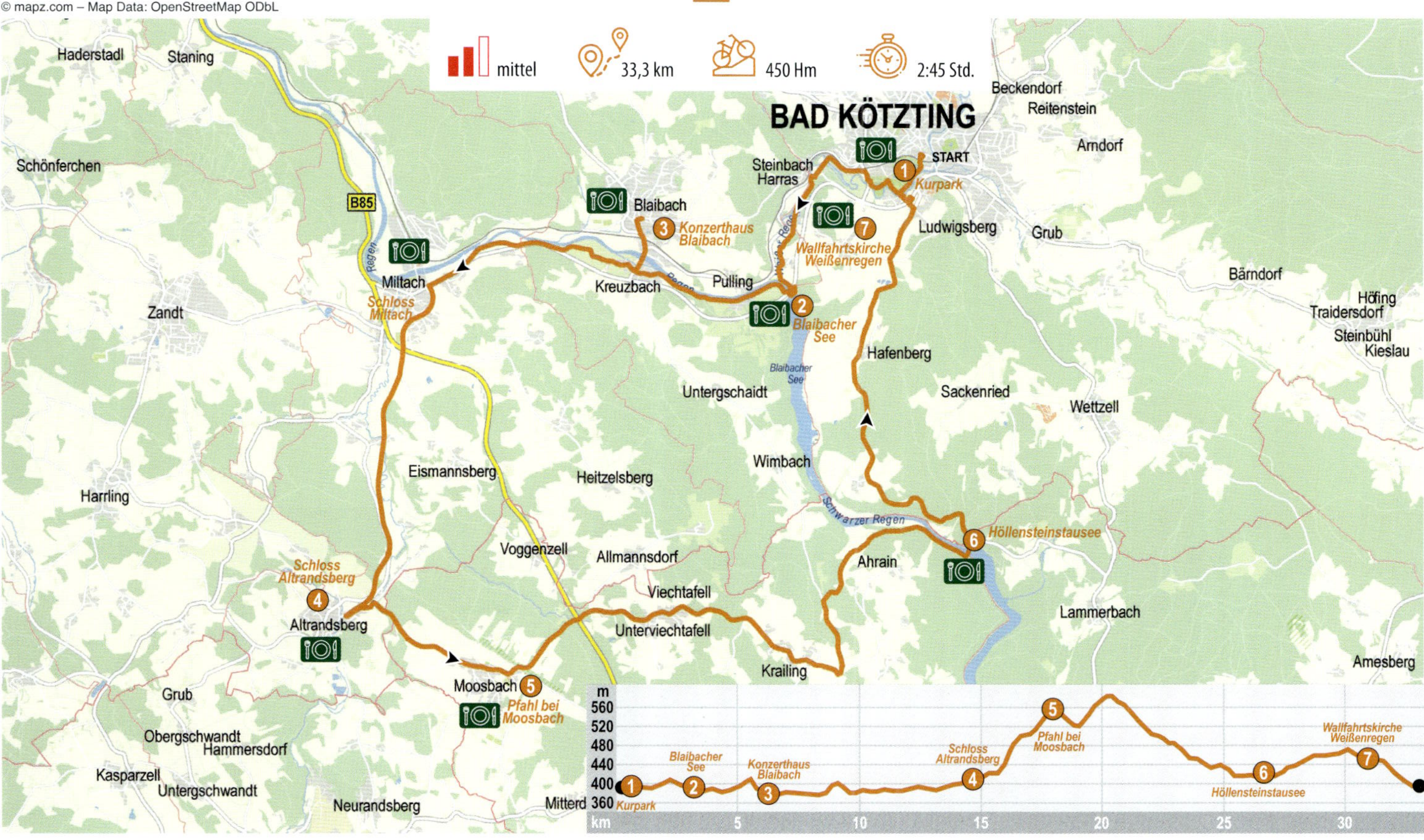
mittel
33,3 km
450 Hm
2:45 Std.
BAD KÖTZTING
START
1 Kurpark
2 Blaibacher See
3 Konzerthaus Blaibach
4 Schloss Altrandsberg
5 Pfahl bei Moosbach
6 Höllensteinstausee
7 Wallfahrtskirche Weißenregen
Schloss Miltach
B85
Haderstadl
Staning
Schönferchen
Zandt
Miltach
Blaibach
Kreuzbach
Pulling
Steinbach
Harras
Ludwigsberg
Grub
Beckendorf
Reitenstein
Arndorf
Bärndorf
Höfing
Traidersdorf
Steinbühl
Kieslau
Hafenberg
Sackenried
Wettzell
Untergschaidt
Wimbach
Blaibacher See
Schwarzer Regen
Regen
Eismannsberg
Heitzelsberg
Harrling
Voggenzell
Allmannsdorf
Viechtafell
Unterviechtafell
Ahrain
Lammerbach
Amesberg
Krailing
Altrandsberg
Moosbach
Grub
Obergschwandt
Hammersdorf
Kasparzell
Untergschwandt
Neurandsberg
Mitterd
m
560
520
480
440
400
360
km
5
10
15
20
25
30

Wir starten unsere Tour am Kurpark ❶ von Bad Kötzting, der nicht weit vom Bahnhof und dem Kur- und Gästeservice entfernt ist. Alleine die Blumenpracht, der Planetenweg mit seinen vielen anschaulich dargestellten Infotafeln und Skulpturen unseres Sonnensystems sowie verschiedene Einrichtungen (Minigolfanlage, Kneipp-Becken etc.) sind schon einen Besuch wert. Unsere Strecke führt uns südwestlich am Kurpark vorbei bis zum Fußballplatz. Hier geht es schön flach am Regen entlang, ehe wir kurz vor dem Spielcasino links unter der Brücke durchfahren und weiter dem Lamer-Winkel-Arber-Radweg folgen. Dieser führt auf der Waldschmidtstraße an der Senioren-Residenz vorbei bis zu den Tennisplätzen. Hier biegen wir links ein und fahren dieses idyllisch gelegene, liebenswerte Flusstal entlang über die Lernbechermühle bis zum Pullinger Wehr. Dort geht es unter der Brücke durch, leicht rechts bergauf und über die Brücke des Staudamms entlang, wo wir einen außergewöhnlichen Blick auf den beschaulichen, fast unberührten Blaibacher See ❷ haben. Man genießt die Natur an diesem magischen Ort.

Weiter fahren wir dem Lamer-Winkel-Arber-Radweg folgend gleich wieder rechts, wo es nach den Verkehrsberuhigungspfosten unter der Brücke durchgeht und weiter das Regental entlang Richtung Blaibach. Nun sind wir an einem wunderschönen Abschnitt des Flusses Regen, der sich eingebettet in diesem Tal durch die malerische Auenlandschaft windet. Hier ist er aufgrund seiner Vegetation unverwechselbar, und es lohnt sich, etwas langsamer zu fahren und dies in sich aufzusaugen.

Von Weitem sehen wir schon die alte, ehemalige Eisenbahnbrücke, unter der wir durchfahren und wo der Regental-Radweg aus Bayerisch Eisenstein zu unserer Route aufschließt. Wir fahren auf diesem etwas mystischen Abschnitt geradeaus weiter nach Kreuzbach (bei Blaibach), hier erblicken wir auf der rechten Seite den Kanu- & Camping-Verleih „Aqua-Hema". Wir machen eine kleine Pause, schauen dem Treiben der Outdoor-Begeisterten zu und trinken einen wohlverdienten Kaffee. Nach einer kurzen Zeit geht es weiter zur Hauptstraße, wo wir einen kleinen Schlenker nach Blaibach zu einem besonderen kulturellen Highlight machen, das in Bayern einzigartig ist. Wir fahren über den Regen die Bahnhofstraße und weiter den Kirchplatz entlang. In der Ortsmitte stoßen wir auf das phantastische Konzerthaus Blaibach ❸. Den Zuschauern wird in diesem kleinen Konzerthaus ein kultureller Hoch-

Kurze Pause am Schloss Altrandsberg

Wallfahrtskirche Weißenregen

Gesundheitsregion Bad Kötzting mit Hohenbogen und Kaitersberg

genuss beschert, der auch aufgrund der einzigartigen Akustik dieses monolithischen Gebäudes zustandekommt.

Wir fahren nach diesem kulturellen Exkurs die gleiche Strecke zurück und weiter den Regental-Radweg entlang bis nach Miltach. Hier gibt es nach der Holzbrücke ein bei Radfahrern ganz beliebtes Gasthaus mit hervorragendem Kuchen und tollem Ambiente, das Café Waffel. Dort könnte man sogar, falls man nicht mehr radeln möchte, nach Cham oder Bad Kötzting mit dem Zug fahren (die Mitnahme der Räder ist im Landkreis Cham kostenlos).

Wieder geht es zurück zur Holzbrücke, die wir passieren, um dann auf eine ehemalige Bahntrasse zu stoßen, die nun als Radweg dient. Diese hervorragend angelegte Trasse führt die Radfahrer an den Donau-Radweg Richtung Bogen (39 km). Wir fahren die ersten Kilometer auf diesem Radweg, der sich durch Miltach schlängelt und weiter parallel zur Miltacher Straße an ARA-Kunst vorbei nach Altrandsberg führt. Hier sollte man sich auf jeden Fall das Schloss Altrandsberg (4) anschauen, das auf einer kleinen Kuppe oberhalb des Donau-Regen-Radweges steht (Öffnungszeiten vorher in der Gemeinde Blaibach erfragen). In diesem Schloss ist neben einer imposanten Vierflügelanlage ein Weltkunstmuseum untergebracht. Als Besucher kann man hier eine kleine Zeit- und Weltreise antreten und die berühmtesten Kunst- und Kulturgegenstände der verschiedenen Epochen und Länder bewundern. Natürlich handelt es sich nicht um die Originale: Es werden originalgetreue Nachbildungen von teils weltberühmten Museumsobjekten präsentiert.

Es geht weiter hinab zum Donau-Regen-Radweg, den wir überqueren, um dann Richtung Moosbach zu fahren. Hier fahren wir die Moosbacher Straße entlang bis zur Rummermühle und dann nach der Brücke scharf rechts bergauf. Jetzt müssen wir uns die Kräfte gut einteilen, ein zwei Kilometer langer Berg wartet auf uns.

Er fängt ganz harmlos an, wird immer steiler (14 %), und man sehnt das Ende herbei. Dazwischen gibt es aber auch bei der Hälfte des Berges eine Ruhebank, falls man doch etwas mehr Pausen benötigt. In Moosbach angekommen, fahren wir bergauf durch die Ortschaft. Fast am Ende von Moosbach geht es links Richtung Voggenzell und zur B85 nach Cham und Viechtach.

Schöne Aussicht auf den Blaibacher See

Beeindruckender Moosbacher Pfahl

Wir fahren aber noch 300 m weiter zum Ortsende und sehen den beeindruckenden Pfahl 5. Dieser außergewöhnliche Quarz-Felsen und die 14 Kreuzwegstationen mit der Kreuzigungsgruppe sind auf jeden Fall sehenswert. Hier hat man auch eine außergewöhnliche Fernsicht Richtung Sankt Englmar mit seinen Hausbergen Pröller und Predigtstuhl.

Nun geht es wieder zurück nach Moosbach in die Ortsmitte, dort biegen wir rechts ab und lassen unser Bike langsam bergab rollen. Nun stoßen wir auf die B85, überqueren diese und fahren bergauf Richtung Viechtafell. Jetzt heißt es noch einmal Zähne zusammenbeißen und Kräfte einteilen. Denn es geht einen ein Kilometer langen, steilen Anstieg hinauf. Nachdem wir diesen Berg geschafft haben, fahren wir durch den Ort und machen am Bushäuschen eine kleine Pause. Die Ziegen im eingezäunten Bereich freuen sich über diese willkommene Abwechslung. Nachdem wir wieder erholt sind, geht es weiter auf dieser Straße in kleinen Serpentinen bergab nach Schwarzendorf. Kurz vor der Ortschaft sollten wir noch einmal kurz anhalten, da wir von dieser Anhöhe eine tolle Aussicht auf das Regental Richtung Kaitersberg haben. Dieses Panorama entschädigt für viele Strapazen und Schweißtropfen. Nun geht es weiter bergab durch Schwarzendorf, am Wildgehege vorbei nach Krailing. Hier überqueren wir die alte Bahntrasse auf der der Regental-Radweg verläuft, und fahren diese kleine Asphaltstraße bergauf, die nach 200 m links abzweigt. Jetzt verlassen wir die Hauptstraße und rollen eine kleine Nebenstraße entlang, auf der wir uns immer an der Beschilderung nach Ahrain und zum Höllensteinstausee orientieren. Weiter geht es eine kleine unebene Straße durch einen ziemlich dunklen Mischwald am Regen entlang, der uns zum Höllensteinstausee 6 leitet.

Wir schieben unser Fahrrad ein kleines Stück über die Staumauer und fahren am Ende weiter links steil bergauf zum Wanderparkplatz. Hier halten wir uns an die Weißenregener Straße, die uns links abbiegend an idyllischen, offenen Weideflächen und einer beeindruckenden Landschaft vorbeiführt. Wir radeln geradeaus durch Hafenberg und weiter zur nächsten Weggabelung. Dort ist ein kurzer Halt unbedingt notwendig, da links vor uns majestätisch die Wallfahrtskirche Weißenregen 7 auf der Anhöhe steht. Das Kloster Niederalteich errichtete Ende des 16. Jahrhunderts auf diesem Hügel eine Kapelle, die Mitte des 18. Jahrhunderts zur Wallfahrtskirche ausgebaut wurde. Wer sich die Wallfahrtskirche anschauen möchte, muss über die Ortschaft Weißenregen zur Kirche fahren und diese Strecke wieder zurückfahren.

Wir erblicken von diesem schönen Aussichtspunkt auch den gegenüberliegenden Kaitersberg und das Hohenbogen-Massiv mit den ehemaligen NATO-Türmen. Nach diesem kurzen Halt fahren wir weiter bergab über Hofmannsgütl nach Bad Kötzting, Ortsteil „Am Ludwigsberg". Am Ortsanfang biegen wir links ab und fahren den Radweg entlang, der uns nach 100 m unter der Staatsstraße hindurchführt und der über den Weißen Regen in den Kurpark verläuft. Nun sind es auf dem kleinen Rad- und Gehweg, den wir rechts abbiegen, nur noch ein paar Meter zu unserem Zielort, dem Parkplatz am Kurpark.

Wurstbaron
Unsere leckeren Wanderbegleiter !
Erhältliche Farben:
Salami Snack Selection
Premium mit Käse
www.wurst-baron.com

Pilgertour am Fuße des Hohenbogen

Grenzbegegnungen zwischen Eschlkam und Neukirchen b. Hl. Blut

TOUR 08

Neukirchen b. H. Blut, Marktplatz
Navi: Marktplatz 10, 93453 Neukirchen b. Hl. Blut, Parkplatz hinter dem Rathaus

Neukirchen b. Hl. Blut – Klangweg – Stachesried – Eschlkam – Gaishof – Schachten – Neuschwarzau – Jägershof – Hofberg – Vorderbuchberg – Neukirchen b. Hl. Blut

30,3 km Asphalt, 5,5 km Waldwege

Zubringer Chambtal-Radweg, Trans-Bayerwald-Trail, Iron-Curtain-Trail Nr. 13

Außergewöhnliche, abwechslungsreiche Tour mit zwei knackigen Anstiegen. Viele Aussichtspunkte nach Tschechien und auf die Bayerwaldberge machen diese Grenzlandtour zu einem Erlebnis.

Tourist-Info Neukirchen b. Hl. Blut, Marktplatz 10, 93453 Neukirchen b. Hl. Blut
Hotel Böhmerwald, Siegmund-Adam-Str. 54, 93458 Eschlkam - Warzenried

FPG Zweiradtechnik, Im Gewerbegebiet 26, 93458 Eschlkam, Tel. 09948/955518

Neukirchen b. Hl. Blut, Marktplatz 10, 93453 Neukirchen b. Hl. Blut, Tel. 09947/940821

PILGERTOUR AM FUSSE DES HOHENBOGEN – TOUR 08

mittel | 35,8 km | 560 Hm | 3:15 Std.

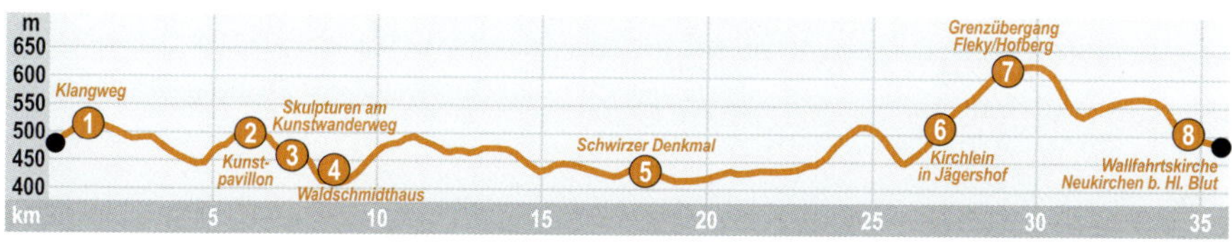

Wallfahrtskirche Neukirchen b. Hl. Blut

Wir starten unsere Tour direkt an der Tourist-Info Neukirchen b. Hl. Blut am Marktplatz. Von dort fahren wir bis zur Ampel und biegen links in die Krankenhausstraße ein. Hier geht es die ersten zwei Kilometer immer leicht bergauf. Zuerst fahren wir an der Spezialklinik für Haut- und Allergieerkrankungen vorbei, und kurz darauf beginnt der Einstieg des Klangwegs ①. Auf diesem sollten wir etwas langsamer fahren, da oberhalb der ehrwürdigen Wallfahrtskirche sieben Stationen mit Klangerzeugern aus verschiedenen Ländern und Kulturkreisen errichtet wurden. Sie regen alle Vorbeifahrenden zum Innehalten, Hören und Spielen an.

Es geht weiter durch die wunderbare, von dicht gesäumten Bäumen umgebene Allee. Am Ende des Weges überqueren wir die Straße und entdecken auf der Beschilderungstafel, dass wir uns hier auf dem Trans-Bayerwald-Trail und gleichzeitig auf dem ostbayerischen Jakobsweg befinden. Dieser führt die Wander-Pilger von der Grenze über Eschlkam und den Hohenbogen, nach Bad Kötzting sowie nach Straubing und weiter Richtung Donaueschingen.

Wir bleiben auf dem Trans-Bayerwald-Trail sowie auf dem Zubringer des Chambtal-Radweges und fahren auf einem kleinen Feldweg geradeaus zu einer Lichtung. Hier müssen wir besonders Rücksicht nehmen, da Wanderer und Radfahrer die gleiche Strecke benutzen. Dort fahren wir ein kurzes Stück in den Wald, ehe wir rechts einen kleinen Waldweg leicht bergab rollen. Die kleine Abfahrt in dem schattigen Wald tut uns richtig gut, da die Sonne an manchen Tagen erbarmungslos herunterbrennt. Wir stoßen auf eine landwirtschaftlich genutzte Asphaltstraße und fahren diese links am Waldrand entlang. Auf der rechten Seite sehen wir die Stachesrieder Höhen, die wir ab der nächsten Weggabelung erklimmen müssen. Es steht uns ein 500 m langer, kräftezehrender Anstieg bevor. Nachdem wir diesen gemeistert haben, geht es links ein kleines Stück auf der Staatstraße entlang und gleich wieder links zur „Pyramide am Kunstwanderweg" ②. In diesem Kunstareal haben seit 2005 amerikanische, tschechische und deutsche Künstler die spannungsvolle Thematik „In der Mitte Europas – Licht und Schatten" aufgegriffen und stellen viele eindrucksvolle Bilder und Objekte aus.

Nach einer kurzen Pause, in der wir uns die ausgestellten Kunstwerke angeschaut haben, geht es einen Forstweg entlang und nach 500 Meter dem Trans-Bayerwald Trail folgend rechts bergauf auf einen kleinen Höhenweg. Hier erwartet uns eine atemberaubende Aussicht auf die Drachenstichstadt Furth im Wald, den Gibacht und den Čerchov (1.042 Meter), den höchsten Berg in Böhmen. Wir fahren auf der Leminger Höhe den Kunstwanderweg entlang und stoßen auf den Skulpturenweg ③. Auf diesem Panora-

Klangweg für Groß und Klein

maweg wurden Installationen tschechischer und deutscher Künstler im Freien mit dem Thema „Grenzbegegnungen - Wege zwischen Ost und West" aufgebaut. Wenn wir auf die westliche Seite bergab blicken, entdecken wir die Au, ein kleines idyllisches Tal am Fuße des Hohenbogen. Wir genießen noch einmal die Aussicht und fahren rechts die Straße hinunter nach Eschlkam. Die Hauptstraße wird überquert und weiter geht es auf der Leminger Straße sowie weiterführend die Schulstraße entlang in den sehenswerten Ortskern. Hier werden die Gäste auf Übersichtstafeln mit vielen Informationen versorgt. Es lohnt sich auch, einen Abstecher in die hiesige Tourist-Info (Waldschmidthaus) zu machen, da dort eine Dauerausstellung 4 über das Leben und die Werke des Schriftstellers Maximilian Schmidt, genannt Waldschmidt, informiert.

Danach fahren wir über die Marktstraße und weiter die Großaigner Straße bergab zur Brücke über den Chamb. Auf der Brücke steht eine Jakobus-Figur, die ein Jahr nach der Grenzöffnung 1991 auf dem alten Handels- und Pilgerweg von Bayern nach Böhmen hier aufgestellt wurde. Nach der Brücke geht es scharf links in den Eichertweg, der uns zum Naturbadeweiher leitet. Es folgt ein kleiner Anstieg bis zum Ende der Straße. Dort müssen wir aufpassen, da wir nicht die Vorfahrtsstraße abbiegen, sondern den Ek1-Wanderweg geradeaus an einem Bauernhof entlangfahren. Hier erholen wir uns erst einmal, um gemütlich durch ein kleines beschauliches Waldstück zu fahren. Dieser Waldweg endet auf der Schöneichenstraße, der wir auf dieser Asphaltstraße bis zum Ende folgen. Dort biegen wir rechts ab nach Gaishof. In diesem schmucken Dorf mit seinen vielen

Bauernhöfen zweigen wir links ab und folgen gleich wieder rechts dem Iron-Curtain-Trail Nr. 13. Nun geht es eine Nebenstraße immer an der bayerisch-böhmischen Grenze entlang. Nach kurzer Zeit entdecken wir einen Rastplatz, der beschildert ist und zu einer kleinen Pause animiert. Hier schweift unser Blick nach Osten, an dem uns eine wunderschöne Aussicht auf die Bayerwaldberge Hohenbogen, Osser und Arber beschert wird. Danach führt unsere Route weiter Richtung Grenzübergang Gaishof-Maxov (Maxberg). Kurz vorher biegen wir rechts ab und fahren den Iron-Curtain-Trail weiter. Die nächsten zwei Kilometer verlaufen immer am Waldrand entlang, wo uns durchaus (wie dem Autor) ein Reh oder Hase über den Weg laufen könnte. Am Ende dieses Grenzland-Abschnitts kommen wir in der Dorfmitte von Schachten an, biegen links ab und haben es zum Schwirzer-Denkmal 5 nicht mehr weit. Dieses Monument soll an die früheren Schmuggler erinnern.

Unsere Route führt uns ein kleines Stück weiter auf dieser Straße, ehe ein Radweg links zur Landesgrenze Všeruby verläuft. Diesen nehmen wir und lassen es zum Grenzübergang leicht bergab laufen. Dort angekommen, überqueren wir die Hauptstraße und sehen die vielen Hinweisschilder der unterschiedlichsten Rad- und Wanderstrecken in dieser Grenzregion. Wir bleiben auf deutscher Seite und fahren einen kleinen Pfad an einem riesigen Feld entlang. Nach 500 m überqueren wir eine kleine Holzbrücke und kommen an eine Lichtung zur nächsten Abzweigung. Hier ist rechts der Jakobsweg beschildert und geradeaus unser EuroVelo 13 Iron-Curtain-Trail. Diesen fahren wir weiter durch einen idyllischen Mischwald zu einem Radpavillon. Eine Pause ist noch einmal angebracht, um diese Bilderbuchlandschaft im bayerisch-böhmischen Grenzgebiet zu genießen. Wir fahren weiter über eine Wiese und kommen am Ende des Weges auf eine Asphaltstraße. Hier biegen wir nach links ab, wo es in die

Kunstpavillon

Schwarzau geht. Diese kleine Nebenstraße führt uns entlang der Grenze an vielen schönen Blumenwiesen und Feldern vorbei. Nach ca. 1,5 Kilometern strampeln wir einen kleinen Anstieg hinauf, der uns zur Abzweigung nach Jägerhof bringt. Hier zweigen wir vom Iron-Curtain-Trail, der rechts verläuft, links ab. Jetzt müssen wir ziemlich aufpassen, da uns eine lange, steile und auch rasante Abfahrt erwartet, auf der wir immer bremsbereit sein müssen. Nach einem vollbrachten Geschwindigkeits-Rausch können wir uns nur kurz erholen, da wir in das Bergdorf Jägershof, das letzte Dorf vor der Grenze, kommen. In dieser kleinen, aber interessanten Ortschaft wartet auf uns ein 2 km langer Anstieg. In Jägershof halten wir aber trotzdem kurz an, da wir auf der linken Seite ein kleines Kirchlein 6 entdecken, das 1901 als Erfüllung eines Gelöbnisses erbaut wurde. Es beherbergt das Altarbild der Wallner Kapelle aus Rothenbaum, welches nach dem Krieg und der Vertreibung zerstört wurde. Es werden hier regelmäßig Andachten gehalten.

Nach dieser kurzen Pause geht es weiter auf unserem schweißtreibenden Anstieg, der uns immer am Grenzgürtel entlangführt. Oben angekommen erwartet uns der Grenzübergang Hofberg/Fleky 7, den viele Outdoor-Begeisterte für ihre Touren in Tschechien nutzen. Hier genießen wir den eindrucksvollen Blick in den Hohenbogenwinkel. „Radlerherz, was willst du mehr?“. Nach einer kurzen Verschnaufpause führt uns der Weg links bergab der Beschilderung folgend Richtung Vorderbuchberg. Ein märchenhafter Wald erwartet uns, den wir rasant durchfahren. Wir rollen bergab in eine Senke und fahren weiter über den Oberen Haselbach und leicht bergauf in die Ortschaft Vorderbuchberg. Hier angekommen, fahren wir durch den Ortsteil und biegen kurz vor dem Ortsende links in die Vorderbuchberger Straße ein. Von dort blicken wir zum Abschluss unserer Tour auf die wunderschöne Wallfahrtskirche Mariä Geburt zum Heiligen Blut 8. Der letzte Kilometer geht hinunter ins Tal und führt uns zu unserem Start- und Zielort.

DIE WALLFAHRT IN NEUKIRCHEN B. HL. BLUT

Die Wallfahrt zur Madonna von Neukirchen beim Heiligen Blut zählt seit Jahrhunderten zu den bedeutendsten bayerischen Marienwallfahrten. Ihre Geschichte kann beispielhaft für die Entwicklung einer bayerischen Wallfahrt vom 15. bis in das 20. Jahrhundert stehen. Die Neukirchener Wallfahrt stand von Beginn an in besonderer Beziehung zum benachbarten Böhmen. Nach der gängigen Legendenfassung rettete um 1420 eine fromme Bauersfrau das jetzige Neukirchener Gnadenbild vor den Hussiten vom böhmischen Loucim nach Neukirchen b. Hl. Blut. Heute gibt es bei der barocken Wallfahrtskirche „Mariä Geburt“ im Franziskaner Kloster noch das Haus zur Aussaat und einen Klostergarten. Das Wallfahrtsmuseum erinnert mit vielen geschichtlichen Hintergründen an die Neukirchener Wallfahrt.

Zu den Einödbauern im Lamer Winkel

Hügeliger Streifzug durch das Tal des Osserriesen

TOUR 09

Parkplatz Panoramapark, Lam
Navi: Kinogasse, 93462 Lam

Lam – Oberschmelz – Lambach – Stierberg – Vorderschmelz – Engelshütt – Frahels – Frahelsbruck – Arrach – Kleß – Trailling – Vorderöd – Hinteröd – Hinterwaldeck – Lissen – Bhf. Lam – Thürnstein – Schrenkenthal – Silbersbach – Berghäusl – Lam

22,0 km Asphalt,
10,2 km Waldwege

MTB Markierung 1 + 6, Lamer-Winkel-Arber-Radweg, Wander-Markierung „Gläserner Steig" und La2

Die anspruchsvolle Tour ist für E-Biker und trainierte Radfahrer geeignet. Sie fahren in einer traumhaften Naturkulisse mit einer gewissen sportlichen Herausforderung.

Tourist-Info Lam
Hotel Sonnenhof, Lam
Wander- u. Aktivhotel Rösslwirt, Lam
Hinterwaldeck
Osserbad
Seepark Arrach
Maria's Rewemarkt, Arrach

Velotom, Arberstr. 65, 93462 Lam,
Tel. 09943/9030333

Tourist-Info Lam, Marktplatz 1,
93462 Lam, Tel. 09943/777
Tourist-Info Arrach, Lamer Str. 78,
93474 Arrach, 09943/1035

schwer | 32,2 km | 820 Hm | 4:00 Std.

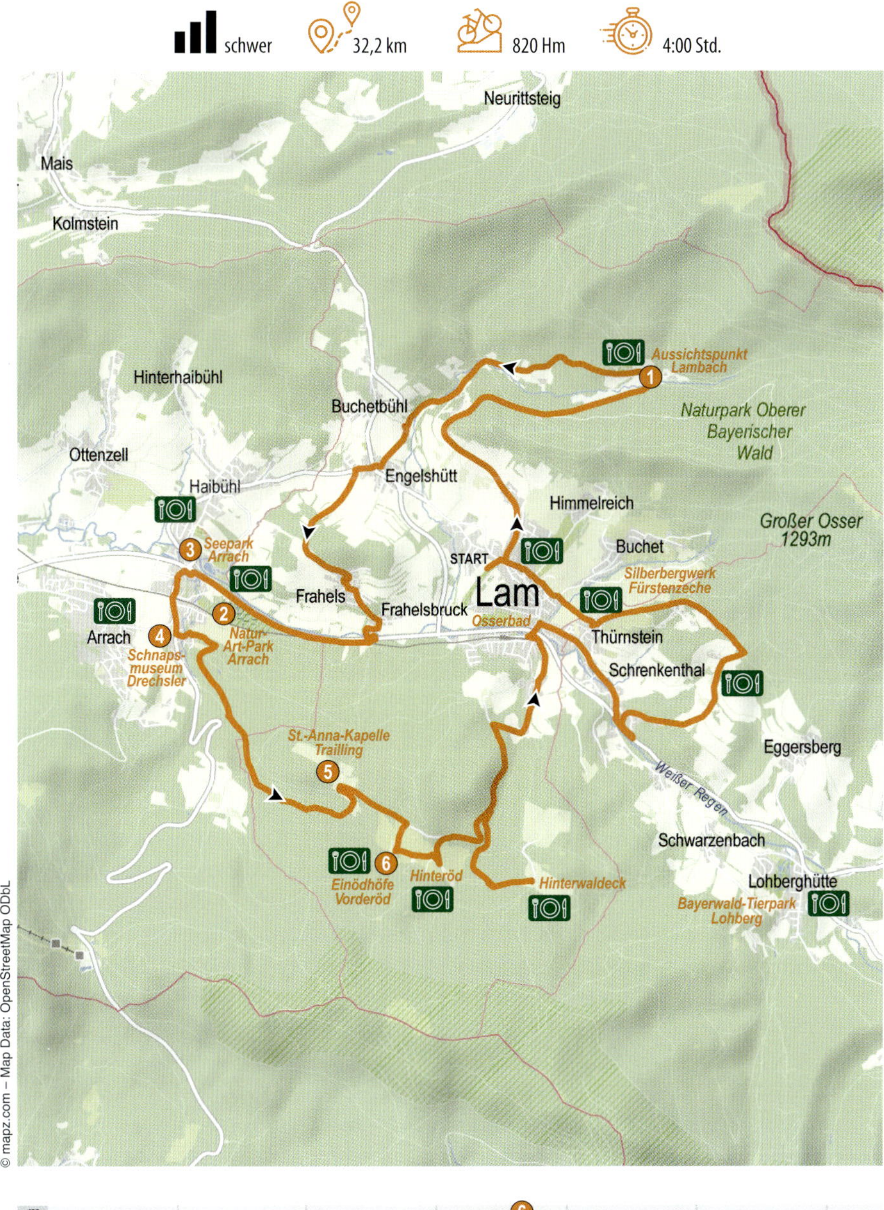

Toller Tag und dufte Stimmung auf der Tour

Unsere Tour führt uns heute in den wunderschönen Lamer Winkel mit seinem Hausberg Osser. Inmitten eines atemberaubenden Naturparks heißt es Erleben, Entdecken und Genießen. Gerade Mountainbiker, Genuss-Radler und Trail-Runner erleben in diesem riesigen Outdoor-Areal ein Sommermärchen. Wir fahren vom Panoramapark/Kurpark auf der MTB-Beschilderung Nr. 1 in Richtung Ortsmitte. Gegenüber vom Marktplatz führt zwischen zwei größeren Anwesen die Lambacher Straße entlang. Hier verlassen wir den Ortskern und treten auf einer leicht ansteigenden Straße ganz locker in die Pedale, damit wir uns nicht gleich überfordern. Deshalb können wir auch kurz vor Oberschmelz die Aussicht auf den Luftkurort Lam und den gesamten Lamer Winkel in vollen Zügen genießen. Es geht weiter auf der Asphaltstraße nach Lambach, dem Startort vieler Wanderer, die den Kleinen und Großen Osser erwandern möchten. Am Wanderparkplatz in Lambach erinnert ein Gedenkstein an den Gründer der ehemaligen Glashütte Lambach, Franz Xaver v. Baader.
Die Straße endet am Haus Bayerischer Wald 1, das uns nach diesem kräftezehrenden Aufstieg auf dem sonnigen Südhang mit einem schönen Blick auf den Osser-Gipfel belohnt. Dieses Haus der Kolpingfamilie hat in dieser Talenge einen einmaligen Standort, wo mit viel Hingabe ein wunderschöner parkähnlicher Vorgarten angelegt wurde. Da wir mit unserem Bike noch einiges vorhaben, fahren wir nach einer kurzen Trink-

Blick auf den Hohenbogen

Kunst am Wegesrand

pause weiter. Wir wechseln vom Asphalt auf einen Waldboden, der uns bergab durch einen duftenden Fichtenwald nach Schmelz bringt. Hier verlassen wir das Lambachtal und folgen dem plätschernden Lambach nach Engelshütt. Im Lamer Winkel legt man Wert auf Tradition, deshalb treiben Ende Dezember in der Ortsmitte von Engelshütt ❷ die Hexen, Geister und Dämonen bei der „Lamer Rauhnacht" jedes Jahr ihr Unwesen.

Wir verlassen die Beschilderung Nr. 1, überqueren die Hauptstraße, fahren die Haibühler Straße weiter, um uns nach wenigen Metern der Beschilderung folgend scharf links nach Frahels ins Tal treiben zu lassen. Dort durchfahren wir die Ortschaft und kommen nach kurzer Zeit in Frahelsbruck an. Hier biegen wir rechts ab, wo wir den weißen Regen überqueren. Es geht weiter unter der Staatsstraße 2140 durch und rechts entlang der Beschilderung des Lamer-Winkel-Arber- Radweges. Sie führt uns in den Luftkurort Arrach, der einige Überraschungen bereithält. Kurz vor der Ortschaft liegt der „Natur-Art-Park", ein außergewöhnlicher Moorlehrpfad, der uns mit vielen Objekten und Schautafeln Natur, Kunst und Handwerk näherbringt. Am Ortseingang sehen wir auf der gegenüberliegenden Seite den Seepark Arrach ❸, eine einzigartige Freizeiteinrichtung in der Region. Hier sollte man unbedingt bei heißem Wetter einen Sprung in den kleinen Natur-Badesee wagen. Neben dem urigen Gasthaus „D'Hoamat" und der Erlebnis-Minigolfanlage finden im „Bunten Sommer" auf einer Bühne

Traumhafte Strecke im Lamer Winkel

Mineralien-Museum in Arrach

viele Musik-Events und andere interessante Veranstaltungen statt.

Es geht weiter bis zum Ende des Radweges, an dem wir links abbiegen und am Hotel Herzog Heinrich vorbeifahren. Dort bleiben wir auf der Hauptstraße, die Richtung Eck verläuft, überqueren die Schienen und erblicken auf der rechten Seite die Schnapsbrennerei Drexler mit eigenen Museen 4. Hier werden aus einem riesigen Sortiment regelmäßig Verköstigungen angeboten. Es gibt zusätzlich ein Destillerie-Museum, ein Mineralien-, Handwerks- und Holzkunstmuseum noch dazu. Wir fahren weiter und biegen von der Eckstraße gleich links auf die Mountainbike-Beschilderung Nr. 6 ab. Sie führt uns zum Waldrand, wo wir zuerst an einem wunderschönen Glasbaum und dem gegenüberliegenden Gut Kleß vorbeikommen. Von dieser Anhöhe haben wir eine hervorragende Sicht auf den gesamten Grenzkamm des Künischen Gebirges. Auf diesem Forstweg, am Fuße des Mühl- und Ödriegels, tauchen wir in eine herrliche Waldkulisse ein. Sie spendet uns gerade im Hochsommer angenehmen Schatten und macht die weitere Fahrt zu einem kleinen Vergnügen. Nach kurzer Zeit biegt der Weg rechts ab und führt uns durch das riesige Waldmeer einen 4 km langen Anstieg hinauf nach Trailling. Dort legen wir erst einmal eine weitere Trinkpause ein und genießen diese Bilderbuchlandschaft. Beim Einödhof Trailling fällt uns die St.-Anna-Kapelle 5 auf, die 1700 errichtet wurde und eine zum Hof gehörende Privatkapelle ist.

Nach diesem kurzen Halt bleiben wir auf der MTB Nr.6 und kommen nach kurzer Zeit zum Einödhof „Vorderöd". In der Ökoregion Lamer Winkel gibt es mit den Einödbauernhöfen 6 ein ganz besonderes Kleinod: Dort serviert man deftige Brotzeiten und regionale Gerichte, um gestärkt seine Wanderung oder Radtour fortzusetzen zu können. Zuerst kommt man „Zum Ödbauern", dann „Zum Veitbauern" und dann zum Einödhof „Hin-

Wasserflaschen auffüllen am Fluss
Blick in den Lamer Winkel

Idyllische Lage der Einödhöfe

terwaldeck". Alle haben ein wunderschönes Ambiente mit sehr freundlichen Gastgebern.
Nach der Stärkung verlassen wir die Beschilderung, fahren zurück auf die Forststraße, die uns in einem wahnsinnigen „Flow" mit rasender Geschwindigkeit bergab über Lissen nach Lam bringt. Wir fahren weiter über die Brücke des Weißen Regen und biegen in die Lohberger Straße rechts ab. Dort geht es über Thürnstein nach Schrenkenthal. Hier stoßen wir auf die Hauptstraße, die zum Arber führt. Nun könnte man auf dem Lamer-Winkel-Arber-Radweg einen kleinen Abstecher nach Lohberghütte (ca. 3 km) machen, da dort der Bayerwald-Tierpark Lohberg, der einzige Tierpark in der Oberpfalz, beheimatet ist.
Wir fahren allerdings nicht über die Hauptstraße, sondern scharf links, einen kleinen Weg bergauf auf die Silbersbacher Straße. Dort geht es vorbei am Christlhof, durch ein kleines Waldstück nach Silbersbach. Am Ende des Anstiegs kommen wir zum Osserhotel und dem dazugehörigen Wildgehege. Jetzt haben wir es fast geschafft, denn nun geht es nur noch einen kleinen Forstweg leicht bergauf und die nächste Möglichkeit links, wo wir der Beschilderung „Gläserner Steig" folgen. Über einen kleinen Trail fahren wir bergab und müssen auf diesem unebenen Weg etwas vorsichtiger fahren. Weiterführend auf einer Asphaltstraße und auf dem Forstweg geht es nach Berghäusl zum Café Sahneberg. In einem idyllischen Garten werden wir zum Abschluss der Tour mit tollem Kuchen und anderen Süßspeisen verwöhnt. Die Weiterfahrt fällt uns sehr schwer, aber es geht die letzten Kilometer nur noch bergab auf dem La2 über Kastlmühle in die Marktgemeinde Lam. Leicht erschöpft, aber mit wertvollen Eindrücken kommen wir wieder an unserem Zielort im Panoramapark an. Nach dieser schönen Tour lassen wir den Outdoor-Tag bei einem Eis in der Osser-Eisdiele, dem Besuch im Silberbergwerk Fürstenzeche und im Osserbad ausklingen.

Naturerlebnisse rund um die Burg Weißenstein

Über den Fledermaus-Skulpturenweg zum Gläsernen Wald

TOUR 10

Parkplatz Kurpark, Regen
Navi: Auwiesenweg, 94209 Regen

Regen – Pfistermühle – Kapfham – Rinchnach – Schönanger – Unternaglbach – Kirchberg i. Wald – Ebertsried – Burgruine Weißenstein – Regen

24,3 km Asphalt, 4 km Schotter

Regental-Radweg, ab Abzweigung Rinchnachmündt keine Markierung. Bitte an Ortstafeln oder am GPS-Gerät orientieren.

Die Tour fängt sehr gemächlich an und steigert sich mit einigen knackigen Bergaufpassagen. Das wunderschöne Panorama ist der Lohn für viele Schweißperlen.

Einkaufspark Regen, Zwieseler Str. 11, 94209 Regen, Tel. 09921/6113
Tourist-Information Regen, Schulgasse 2, 94209 Regen, Tel. 09921/604450
Karl's Radlwerkstatt, Fritz-Biller-Str. 9, 94209 Regen, Tel. 0170/8005471

Regen, Schulgasse 2, 94209 Regen, Tel. 09921/604450
Rinchnach, Gehmannsberger Str. 12, 94269 Rinchnach Tel. 09921/5878
Kirchberg im Wald, Rathausplatz 1, 94259 Kirchberg im Wald, 09927/940028

mittel | 28,3 km | 520 Hm | 2:30 Std.

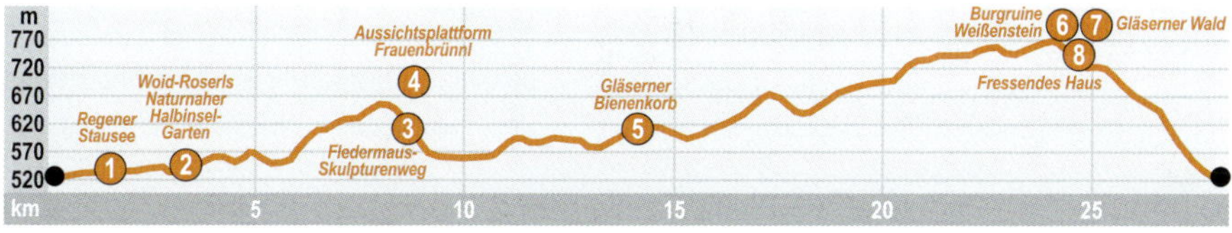

Schmankerlhütte

Kurpark mit Kirche

Radweg entlang des Regen

Die Tour startet am Parkplatz des idyllischen Kurparks im Luftkurort Regen. Die ersten Meter fahren wir auf festen Schotterwegen rechts des Schwarzen Regens entlang. Wir rollen uns langsam ein und genießen die Ruhe im Kurpark. Kurz vor dem Ende des Parks überqueren wir links den schmalen Rodenstocksteg, eine hübsche kleine Brücke, die nur für Fußgänger und Radfahrer gebaut wurde. Wir halten uns rechts am Regental-Radweg, der uns ein Stück des Weges begleiten wird. Er führt uns am beschaulichen Waldschmidtpark entlang, in dem viele Spaziergänger auf Bänken die Sonnenstrahlen aufsaugen oder sich am ruhig dahinfließenden Regen erfreuen. Die beschilderte Strecke leitet uns unter der Eisenbahnbrücke hindurch und führt uns weiter den Seeweg entlang. Dieser verläuft nach einem kurzen Anstieg über einen kleinen Waldweg immer am Ufer entlang bis zum Regener Stausee ❶.

Dort angekommen überqueren wir die Heubrücke und genießen den Blick auf den Stausee mit seinen unzähligen Enten und Schwänen, die sich in dieser ruhigen, paradiesischen Umgebung sehr wohl fühlen. Auf unserer weiteren Fahrt geht es unter der B11 hindurch, durch einen kleinen, dichten Mischwald, wo wir kurze Zeit später unzählige Felder und saftige Wiesen erblicken. Hier verlassen wir den Regental-Radweg, welcher links abzweigt, und fahren geradeaus weiter zur Pfistermühle, einem kleinen Weiler an der Rinchnacher Ohe.

Auf der rechten Seite liegt etwas versteckt ein besonderes Naturjuwel, „Woid-Roserls Naturnaher Halbinsel-Garten" ❷. Auf einer 4000 qm großen Anlage zwischen zwei Bachläufen ist ein Schaugarten mit Hunderten von Rosen sowie einer großen Vielfalt anderer wunderschöner Blumen. Radfahrer können sich sehr gerne auf den bereitgestellten Sitzgelegenheiten ausruhen und in dieser fantastischen Umgebung ihre mitgebrachte Brotzeit verzehren. Die liebenswerte Besitzerin gibt sehr gerne Auskunft über ihre prächtigen Pflanzen.

Nach einer kurzen Pause geht es weiter auf der Asphaltstraße über zwei Anstiege hinauf nach Zapfenried. Oben angekommen können wir die sensationelle Aussicht auf die größten Bayerwaldberge und die Burg Weißenstein genießen. Jetzt heißt es noch einmal alle Kräfte zu mobilisieren, denn der folgende 2 km lange Anstieg bis Hönigsgrub ist eine weitere Herausforderung. Nach diesen bewältigten 100 Höhenmetern belohnt uns eine steile Abfahrt, die über Kapfham und Herrnmühle nach Rinchnach führt. Am Ortseingang überqueren wir die Regener Straße und fahren am Radweg weiter bis zur Brücke. Hier haben wir die Möglichkeit nach links abzubiegen und in der Ortsmitte eine der schönsten Kirchen des Bayerischen Waldes zu besichtigen. Die Pfarrkirche „St. Johannes der Täufer", eine ehemalige Klosterkirche, in deren rechter Seitenkapelle das Grab St. Hermanns begraben ist. Diese Ruhestätte ist mit unzähligen Flussperlmuschelschalen verziert, was in Bayern einzigartig ist. Nach dieser eher besinnlichen Exkursion kann man ca. 400 m weiter in Rosenau den Fledermaus-Skulpturenweg ③ mit zahlreichen Kunstwerken aus Stahl, Glas, Granit, Ton und Holz besichtigen. Zu guter Letzt gibt es noch das Kleinod „Frauenbrünnl" im Hochwald (bei Gehmannsberg) mit seiner Kapelle und der atemberaubenden Aussichtsplattform ④.

Zurück auf unserer Strecke fahren wir auf der Söldener Straße bis zur Abzweigung Mühlbachstraße. In diese biegen wir links ein und fahren entlang der Rinchnacher Ohe unter der B85 hindurch.

Wir folgen der verkehrsarmen Landstraße, die uns immer leicht bergauf über Schönanger und Widdersdorf nach Unternaglbach bringt. Dort erholen wir uns etwas, um kurz nach der Ortschaft hinab zu rauschen Richtung Furthmühle. An der Hauptstraße angekommen, halten wir uns rechts, um nach 200 m wieder rechts Richtung Kirchberg im Wald abzubiegen. Die letzten 1,5 km geht es noch einmal hinauf bis in die Ortsmitte. Dort erwartet uns gleich auf der anderen Straßenseite die Tourist-Info. Hier holen wir uns ein paar Informationen und erfahren etwas über den Gläsernen Bienenkorb ⑤. Dieses gläserne Kunstwerk haben Lehrer und Schüler der Glasfachschule Zwiesel in einem gemeinschaftlichen Projekt erstellt. Wir fahren durch den beschaulichen Ort, sehen am Kirchberger Dorfanger den futuristischen Bienenkorb und rollen nach einem kurzen Besichtigungsstopp langsam weiter.

Woid-Roserls Naturnaher Halbinsel-Garten

Auf der Vorfahrtsstraße geht es links auf der Regener Straße aus der Ortschaft hinaus. Die abschließende Abfahrt führt uns hinunter nach Holzmühle, um nach weiteren 400 m links Richtung Ebertsried abzubiegen. Nun wird es noch einmal bergig und es geht los mit einer 1 km langen Steigung, die uns durch ein kleines Wäldchen führt und kurz darauf rechts in das kleine Dorf Ebertsried leitet. Ein letzter fulminanter Anstieg, und wir haben es geschafft und erhalten einen sensationellen Blick auf eine atemberaubende Landschaft mit der Burg Weißenstein ⑥.

Wir fahren die letzten Kilometer immer geradeaus nach Weißenstein und kommen der beeindruckenden Burgruine immer näher. Dort angekommen erklimmen wir über steile Stufen dieses gewaltige Monument und genießen die Aussicht.

Ein weiteres sehenswertes Kunstwerk ist der Gläserne Wald ⑦, in dem die vielen Tannen, Fichten und Buchen aus farbigem Glas stehen. Zum Abschluss schauen wir uns auch noch das Museum im Fressenden Haus ⑧ an, das der Dichter Siegfried von Vegesack einst bewohnte. Unter anderem gibt es dort die größte Schnupftabaksammlung der Welt mit 1200 „Schmaidosen". Wir genießen noch einmal den Blick von der Anhöhe auf die Kreisstadt Regen und fahren weiter den Radweg steil bergab über Schützenhof und die Heilig-Geist-Gasse zur idyllischen Ludwigsbrücke in den Kurpark.

Durch zwei Täler
zwischen Arber und Pröller

Vom Zellertal ins Regental

TOUR 11

Kurpark Bad Kötzting, Parkplatz
Navi: Ludwigstraße, 93444 Bad Kötzting

Bad Kötzting – Kaitersbach – Matzelsdorf – Arnbruck – Drachselsried – Oberried – Bodenmais – Böbrach – Teisnach – Viechtach – Fichtental – Blaibacher See – Bad Kötzting

14 km Schotter, 57,1 km Asphalt

Zellertal-Radweg, Regental-Radweg und Lamer-Winkel-Arber-Radweg

Unsere heutige Tour ist ein Schmankerl für alle sportlichen Radfahrer und E-Biker. Von Bad Kötzting geht es bis Bodenmais durch ein wahres landschaftliches Kleinod, das Zellertal. Über Böbrach führt uns die Route durch Bayerisch Kanada ins abenteuerliche Regental. Ab Viechtach wird es etwas sanfter und man kann sich locker ausrollen.

Brauerei-Gasthof Lindner
93444 Bad Kötzting
Tourist-Info Viechtach , 94234 Viechtach
Rathaus Viechtach, 94234 Viechtach

Tom's Sport Stadl, Weißenregener Str. 15
93444 Bad Kötzting, Tel. 09941/2435
Sporthaus Weinberger, Jahnstr. 20,
94249 Bodenmais, Tel. 09924/902273
2rad Schmid, Krumwiesenweg 6,
94234 Viechtach, Tel. 09942/2483

Bad Kötzting, Kur- und Gästeservice,
Tel. 09941/40032150

Es stehen Ihnen für die Übernachtung zusätzlich die TI Arnbruck, Drachselsried, Bodenmais und Viechtach zur Verfügung.

DURCH ZWEI TÄLER ZWISCHEN ARBER UND PRÖLLER – TOUR 11

Die Höhenzüge des Hohenbogen und Kaitersberg

Wir starten am Parkplatz des Kurparks ❶ von Bad Kötzting und fahren auf der Ludwigstraße bis zur Regenbrücke. Dort biegen wir links ab in die Pfingstreiterstraße. Diese führt uns zum Kreisverkehr, an dem uns eine große Metall-Skulptur symbolisiert, dass hier jedes Jahr der Kötztinger Pfingstritt stattfindet. Weiter geht es auf der Pfingstreiterstraße entlang, durch ein Spalier von Bäumen hinauf nach Grub.

Nach dieser kurzen Bergaufpassage sehen wir links das eindrucksvolle Kaitersberg-Massiv mit seinem Kreuzfelsen. An der Arnbrucker Straße angekommen zweigen wir in einer 180-Grad-Kurve rechts ab, um diese bei nächster Gelegenheit sofort wieder dem Zellertal-Radweg folgend zu verlassen. Es geht hinab nach Kaitersbach, wo wir einen Bach überqueren und auf einer abgelegenen Straße vorbei an traumhaft schönen Weideflächen ins Zellertal rollen. Von Weitem sehen wir schon im Sonnenlicht den „König des Bayerwaldes", den Arber. Wir fahren genüsslich diese idyllische Talsohle entlang und kommen nach Weidenhof. Dort biegen wir kurz nach der Ortschaft links in eine landwirtschaftliche Straße ab und folgen dieser, die uns über einen kleinen Weiler bis Matzelsdorf bringt. Wir passieren die Ortschaft und biegen am Ortausgang wiederum links ab. Hier schlängelt sich eine schmale Straße bergauf durch eine Allee. An den letzten Birkenbäumen müssen wir aufpassen, da unsere Route scharf rechts entlangführt und wir die Beschilderung erst spät erkennen. Jetzt geht es wunderbar am Waldrand entlang über Gutendorf nach Riedl.

Wir fahren durch dieses beschauliche Dorf, folgen der Markierung und genießen die tolle Aussicht auf die Arberregion. Am Fuße des Kleinen und Großen Riedelstein (1.132 m) steht uns am Fuchsenloch nun ein besonders steiler Anstieg bevor (es ist ratsam, hier zu schieben). Nachdem wir oben angelangt sind, geht es gemächlich immer am Waldrand und am Naturlehrpfad ❷ entlang

nach Arnbruck. Dort fahren wir die gut beschilderte Strecke bis zum Glasdorf Weinfurtner 3, in dessen Areal man Glashandwerk und Einkaufsgenuss erleben kann. Wir fahren danach weiter über die Arberstraße hinauf bis zur Abzweigung Poschingerhütte, der wir rechts folgen.

Die Landschaft wird immer bergiger und das Arbergebiet rückt immer näher. Die Schmiedauerstraße schlängelt sich durch ein Waldstück an der Hotel-Pension „Zur Poschinger Hütte" vorbei zum Wanderparkplatz. An Übersichtstafeln erfahren wir vieles über die Geschichte der Poschinger Hütte und das sogenannte Schussbachtal, in dem wir die angenehme Ruhe genießen und im Hintergrund das Rauschen des Bergbaches wahrnehmen. Nun geht es rechts eine schöne Abfahrt hinunter am Waldwiesbach entlang zur nächsten Abzweigung. Dort überqueren wir links den Bach, fahren genüsslich am Rande eines Bergmischwaldes entlang und sind beeindruckt von der tollen Fernsicht. An einer weiteren Kreuzung haben wir die Wahl, einen kleinen Abstecher hinab nach Drachselsried zu unternehmen (Einkaufsmöglichkeit). Wir fahren allerdings oben weiter, folgen unserem Radsymbol und halten kurz danach, um im nahen Kühbach die Füße etwas abzukühlen. Diese Pause tut uns richtig gut, und ein kleiner Snack kommt nach 20 gefahrenen Kilometern zum richtigen Zeitpunkt. Weiter geht es im Südwesten des Enzians (1.286 m) über Blachendorf/Rehberg nach Oberried. In der Ortsmitte geht es an der Wander-Informationstafel vorbei zuerst der Dorfstraße und weiter der Schönbacher Straße folgend aus dem Ort hinaus. Dort kommen wir nach 1 km in ein nahes Waldstück und könnten einen Abstecher zur beliebten Schareben-Hütte machen (einfach 4 km). Wir halten uns jedoch rechts Richtung „Riedlberg" und bleiben auf dieser schmalen Straße, die uns bergauf vorbei an einer Kapelle und dem Wellnesshotel Riedlberg leitet. Im weiteren Verlauf folgen wir einer Schotterstraße, die uns in einer rasanten

Ein Besuch im Glasdorf Weinfurtner in Arnbruck

Der Flugplatz Arnbruck liegt auf dem Weg

Abfahrt zum Naturdenkmal Hochfall führt. Hier geht es weiter über Oberlohwies hinab nach Bodenmais. In diesem heilklimatischen Kurort machen wir auf jeden Fall eine längere Pause, damit wir nach diesen anstrengenden 33 km wieder zu Kräften kommen. Bodenmais hat viele Freizeitangebote, die man bei einem Kurzaufenthalt unbedingt nutzen sollte. Das Besucherbergwerk Silberberg 4, der Naturentdeckerpfad 5 oder die Rißlochwasserfälle 6 sind nur drei lohnenswerte Ziele.

Nach der Pause rollen wir „Am Wiesengrund" steil hinab zum JOSKA Glasparadies 7. Ein regionaler Radweg Richtung Böbrach leitet uns weiter unter der St. 2132 hindurch und kurz darauf links hinauf in ein schattiges Waldstück. Schließlich fahren wir parallel zur St. 2136 über Kothinghammer und Sternhammer bis nach Böbrach.

Am Ortseingang biegen wir am Bärnerauweg rechts ab und erblicken in der Ferne die Tausender-Gipfel des Knogl, Predigtstuhl und Pröller. In der Ortsmitte geht es vorbei am Rathaus, hinab die Teisnacher Straße, an der wir kurz vor der Staatsstraße rechts zum Brauerei-Gasthof Eck (E-Bike-Ladestation und geplanter MTB-Technik-Parcour) abbiegen. Der schöne Biergarten lockt viele Radfahrer aus nah und fern an. Zusätzlich gibt es dort das Penninger-Schnapsmuseum 8 mit seiner Gläsernen Destille.

Für uns geht es am Radweg weiter, wo wir nach ca. 200 m durch eine Unterführung auf den gegenüberliegenden Radweg gelangen. Dieser führt uns entlang des Schwarzen Regen nach Teisnach. Wir überqueren die Brücke und bleiben auf der Teisnacher Straße bis Kammerdorf. Dort zweigen wir links auf die Hauptstraße, die uns über Altnußberg (Burgruine) auf einem Radweg

Entlang am Schwarzen Regen

Gemütliche Ausfahrt in Fichtental

leicht bergauf nach Seigersdorf bringt. Von hier führt uns der Regental-Radweg, den wir mittlerweile erreicht haben, bis zu einer Abzweigung, die uns zuerst über einen Schotterweg und eine neue Asphaltstraße nach Fischaitnach leitet. Nach einem kurzen Anstieg haben wir einen wunderschönen Blick auf das Regental und die Stadt Viechtach. Über Schlatzendorf geht es in den Ort hinein, wo wir über den Dr.-Schellerer-Park 9 zum Bahnhof kommen. Von dort könnte man einen schönen Abstecher in die Ortsmitte mit den Restaurants oder Cafés unternehmen oder das Kristallmuseum 10 besichtigen. Weiter geht es für uns auf einer ehemaligen Bahntrasse, die durch ihre abwechslungsreiche Landschaft besticht. Wir radeln an alten Bahnstationen, schönen Aussichtspunkten und an steil abfallenden Felsformationen vorbei. Direkt neben dem Fluss Regen schlängelt sich der Radweg über Fichtental und Krailing bis Pulling, wo der Lamer-Winkel-Arber-Radweg rechts abbiegt. Diesem folgen wir ab hier unter der Eisenbahnbrücke hindurch und rollen in einer malerischen Auenlandschaft wieder direkt am Fluss entlang. Wir kommen zum Blaibacher See 11, einem Stausee mit schöner Bademöglichkeit, einem Kiosk und einem Anlegeplatz für Ruderboote und Kajaks. Nach einer willkommenen Pause biken wir unter der Brücke hindurch, an der Lernbechermühle vorbei, und folgen dem idyllischen Flusstal. Wir passieren die Tennisplätze von Bad Kötzting, kommen zu einer Hauptstraße und nutzen dort die Unterführung. Sie bringt uns direkt in den sehenswerten Kurpark, durch den uns der Radweg zu unserem Start- und Zielort führt. Zum Abschluss gönnen wir uns noch ein paar schöne Stunden im Bade- und Saunaparadies des Aqacur 12.

TOUR 12

Übers Schwellhäusl durch den Nationalpark

Urwald, Baumriesen und urige Wirtshäuser im Zwieseler Winkel

Zwiesel, Bahnhof
Navi: Bahnhofstraße, 94227 Zwiesel

Zwiesel – Theresienthal – Ludwigsthal – Schleicher – Kreuzstraßl – Zwieslerwaldhaus – Schwellhäusl – Ludwigsthal – Theresienthal – Zwiesel

15,0 km Asphalt, 11,2 km Waldwege

Im Nationalpark sind die einzelnen Ortschaften und Ausflugsziele mit einer Holzbeschilderung gekennzeichnet.

Die Tour ist geeignet für Einsteiger und Familien. Am Anfang fahren wir gemächlich über Ludwigsthal und Schleicher nach Kreuzstraßl, dort müssen wir ca. 200 Höhenmeter erklimmen. Danach geht es weiter auf Forstwegen ziemlich flach durch den Nationalpark.

Optik Gerstenecker, Angerstr. 30, Zwiesel
Pfefferbräustüberl, Regenerstr. 6, Zwiesel
Sportareal Glasberg, Lohmannmühlweg 60a, Zwiesel
E-Bike Bayerwald, Kühbergweg 10, Zwiesel Klautzenbach

Radsport Leitl, Theresienthal 51, 94227 Zwiesel, Tel. 09922/802157
Sporrer-Technik (E-Bike-Verleih) Langdorfer Straße 2, 94227 Zwiesel, Tel. 09922/1318

Zwiesel, Stadtplatz 27, 94227 Zwiesel, Tel. 09922/7099011

leicht 26,2 km 370 Hm 2:45 Std.

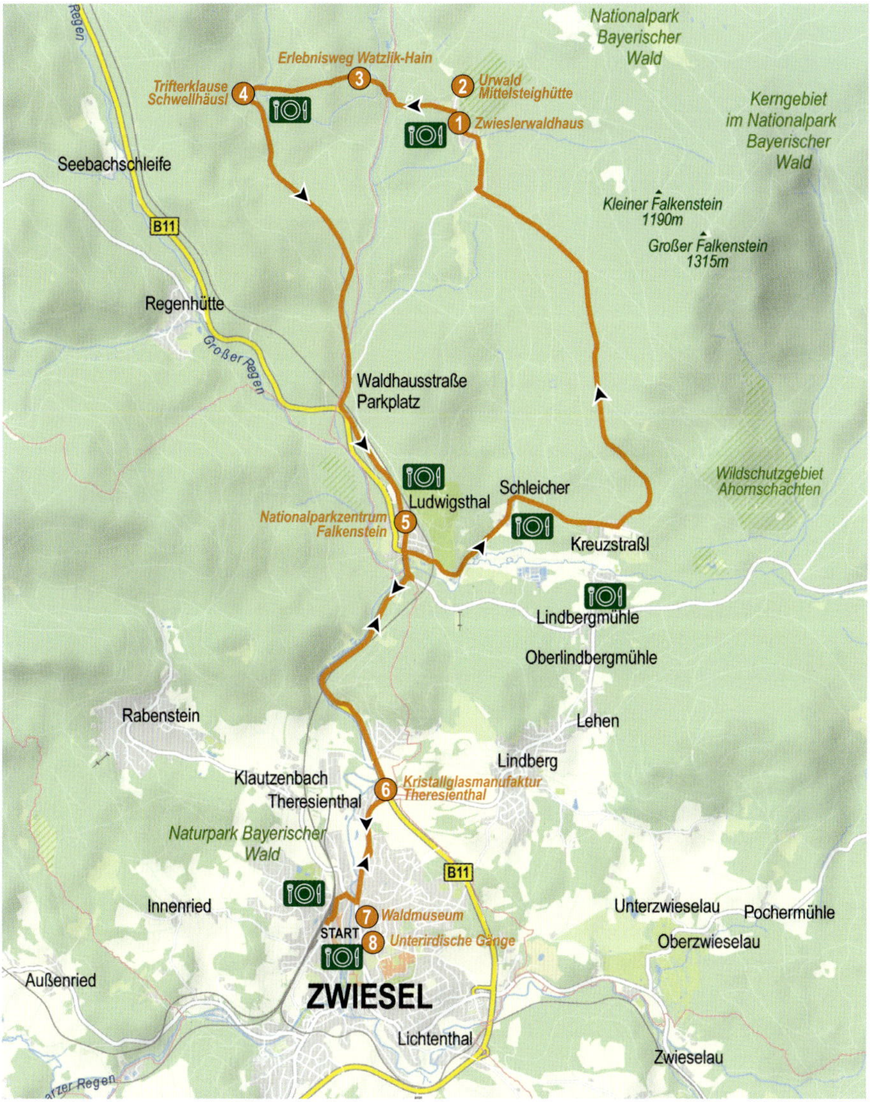
Nationalpark Bayerischer Wald
Erlebnisweg Watzlik-Hain
Trifterklause Schwellhäusl
Urwald Mittelsteighütte
Zwieslerwaldhaus
Kerngebiet im Nationalpark Bayerischer Wald
Seebachschleife
B11
Kleiner Falkenstein 1190m
Großer Falkenstein 1315m
Regenhütte
Großer Regen
Regen
Waldhausstraße Parkplatz
Wildschutzgebiet Ahornschachten
Schleicher
Ludwigsthal
Nationalparkzentrum Falkenstein
Kreuzstraßl
Lindbergmühle
Oberlindbergmühle
Rabenstein
Lehen
Lindberg
Klautzenbach
Theresienthal
Kristallglasmanufaktur Theresienthal
Naturpark Bayerischer Wald
Innenried
Waldmuseum
START
Unterirdische Gänge
Unterzwieselau
Pochermühle
Oberzwieselau
Außenried
ZWIESEL
Lichtenthal
Zwieselau

m
820
770
720
670
620
570
km
5
10
15
20
25
Urwald Mittelsteighütte
Erlebnisweg Watzlik-Hain
Zwieslerwaldhaus
Trifterklause Schwellhäusl
Nationalparkzentrum Falkenstein
Kristallglasmanufaktur Theresienthal
Waldmuseum
Unterirdische Gänge

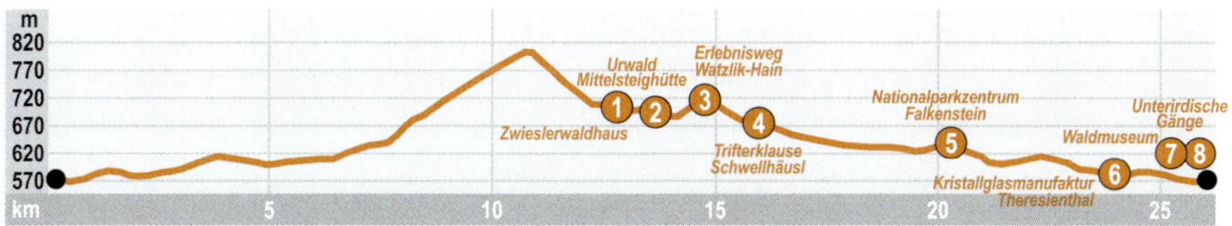

Waldhäusl am Schleicherbach

Trifter-Klause Schwellhäusl

Streichelzoo am Schwellhäusl

Wir starten am Bahnhofsparkplatz von Zwiesel, einem Radknotenpunkt mit einen hervorragenden Radleitsystem. Dort rollen wir die ersten Meter an der Bahnhofstraße entlang Richtung Bayerisch Eisenstein. Bei nächster Gelegenheit biegen wir rechts ab, überqueren den Großen Regen und nutzen den gegenüberliegenden Radweg. Parallel zur Theresienthaler Straße geht es nun genüsslich über Theresienthal unter der Staatsstraße hindurch und gleich links den Radweg weiter entlang an dieser Straße, die uns bis Ludwigsthal begleitet. Hier zweigt unsere Route rechts ab, was uns sehr froh stimmt, da wir von der Hauptstraße ins riesige Waldmeer eintauchen. Eine schmale Teerstraße führt uns durch einen kleinen Tunnel, den die Waldbahn überquert, vorbei am sogenannten Böhmweg und entlang des Schleicherbachs nach Schleicher. Hier fahren wir am malerischen Wirtshaus Waldhäusl vorbei, in dem man regionale Gerichte in einem heimeligen Ambiente zu sich nehmen kann. Wir verlassen das Dorf und kommen kurz danach an einem der vielen Wanderparkplätze vorbei, die im gesamten Nationalparkgelände verteilt sind. Sehr oft sind an ausgesuchten Stellen Parkplätze mit Informationstafeln und Toiletten für die vielen Nationalparkbesucher angelegt. Es geht weiter immer leicht bergauf bis Kreuzstraßl. Hier müssen wir aufpassen, da es in diesem Weiler einen Beschilderungspfosten gibt, der unterschiedliche Strecken in verschiedene Himmelsrichtungen ausweist. Wir biegen links ab und folgen der Nationalparkbeschilderung Richtung Zwieslerwaldhaus. Die ersten Kilometer geht es auf einem gut zu fahrenden Schotterweg, nur hinauf. Wir tauchen ein in das riesige Waldareal des Nationalparks und müssen die nächsten 3 km 150 Höhenmeter bewältigen. Das ist der anstrengendste Abschnitt unserer Tour. Deswegen heißt es in Kreuzstraßl: kleinen Gang einlegen und möglichst kraftsparend treten. Wenn wir an der Kuppe ankommen, legen wir erst einmal eine

Trinkpause ein, ehe es an der Abzweigung auf einem Schotterweg (hier bitte etwas aufpassen) links bergab geht. Die Abfahrt mündet an einer Forststraße, der wir folgen und die uns zum Zwieslerwaldhaus 1 bringt. Dieses kleine Dorf mitten im Nationalpark ist für viele Wanderer der Startort für Wandertouren „Rund um den Großen Falkenstein". Wir fahren langsam hindurch, sehen die Waldlerhäuser mit ihrer sommerlichen Blumenpracht und stehen vor dem Gasthof Zwieslerwaldhaus. Es ist das älteste Wirtshaus im Bayerischen Wald (seit 1832 Konzession für Bierausschank), das aus einer Schutzhütte für Säumer am Böhmweg entstanden ist. Hier könnte man zu Fuß einen Abstecher zum Urwaldgebiet Mittelsteighütte 2 unternehmen. In diesem fast 100-jährigen Naturschutzgebiet sind einstige Urwaldriesen (Rotbuche, Weißtanne und Fichte) seit etwa 1980 weitgehend zusammengebrochen. In dem Totholz werden viele seltene Tier- und Pflanzenarten entdeckt.

Nachdem wir das Dorf durchquert haben, biegen wir an den Totenbrettern links ab und fahren die Straße entlang zum Parkplatz Brechhäuslau. Dort bleiben wir auf dem Schotterweg und kommen nach kurzer Zeit zu einer weiteren Abzweigung, an der die rechte Beschilderung zum Grenzübergang Ferdinandsthal führt. Wir überqueren diesen Weg und kommen am Urwald-Erlebnisweg Watzlik Hain 3 vorbei, einem urtümlichen Waldstück

Nationalparkzentrum Falkenstein

Sehr gute Beschilderung im Nationalpark

mit mächtigen Baumriesen. Nur noch einen Katzensprung entfernt liegt das Gasthaus Schwellhäusl 4, eine ehemalige Holztrifter-Klause.

Das urige Wirtshaus ist mit seinem Biergarten ein beliebter Treffpunkt für Radfahrer und Wanderer. Wenn man mit der Familie unterwegs ist, bieten der Abenteuerspielplatz und der Streichelzoo eine willkommene Abwechslung.

Vom Schwellhäusl folgen wir der Beschilderung Nr. 2 immer leicht bergab entlang des Schmalzbachs. Dieser Schotterweg auf dem Radfahrer und auch Wanderer unterwegs sind, führt uns bis zum Wanderparkplatz Waidhausstraße. Ab hier folgen wir dem Nationalpark-Radweg und kommen zum Nationalparkzentrum Falkenstein 5 mit dem Haus zur Wildnis, nach Ludwigsthal. Dies ist ein beliebter Anziehungspunkt für Alt und Jung. Neben einer fiktiven 3D-Wildnisreise, einem Wurzelgang und einem Kindererlebnisraum wird den Besuchern die Naturparkphilosophie „Natur Natur sein lassen" nähergebracht.

Nach diesem eindrucksvollen Natur-Exkurs geht es für uns weiter auf dem Radweg Nr. 3 die gleiche Strecke zurück wie auf der Hinfahrt über die Kristallglasmanufaktur Theresienthal 6 nach Zwiesel. In Zwiesel besuchen wir nach dieser Genuss-Tour noch das interessante Waldmuseum 7 und die Unterirdischen Gänge 8.

Auf den Spuren der Glasmacher

Durch das grüne Waldmeer zum Trinkwasserspeicher Frauenau

TOUR 13

Zwiesel, Bahnhof
Navi: Bahnhofstraße, 94227 Zwiesel

Zwiesel – Dampfsäge – Frauenau – Oberfrauenau – Trinkwasserspeicher – Buchenau – Jungmaierhütte – Spiegelhütte – Oberlindbergmühle – Ludwigsthal – Theresienthal – Zwiesel

19,0 km Asphalt, 13,4 km Waldwege

Bis Frauenau auf der MTB-Nr. 14, von Frauenau bis Spiegelhütte auf dem Nationalpark-Radweg und weiter regionale Beschilderung bis Zwiesel

Abwechslungsreiche Route mit einem kurzen Anstieg zum Trinkwasserspeicher. Danach auf leicht welligen Forstwegen und kleinen Straßen durch das wunderschöne Gebiet des Nationalparks.

Optik Gerstenecker, Angerstr. 20, Zwiesel
Pfefferbräustüberl, Regenerstr. 6, Zwiesel-
Sportareal Glasberg
Lohmannmühlweg 16, Zwiesel
E-Bike Bayerwald, Kühbergweg 10, Zwiesel – Ortsteil Klautzenbach

Radsport Leitl, Theresienthal 51, 94227 Zwiesel, Tel. 09922/802157
Sporrer-Technik (E-Bike-Verleih)
Langdorfer Str. 2, 94227 Zwiesel, Tel. 09922/1318

Zwiesel, Stadtplatz 27, 94227 Zwiesel, Tel. 09922/7099011

leicht 32,4 km 430 Hm 2:30 Std.

Kurz vor Frauenau am Fuße des Rachel

Das Glas spielte seit Jahrzehnten in der Region „Rund um Zwiesel und Frauenau" eine bedeutende Rolle. Deshalb begeben wir uns bei dieser Radtour auf die Spuren dieser bedeutenden Handwerkskunst. Die imposante Kulisse des Großen Arber, des Falkenstein und des Rachel bilden den eindrucksvollen Rahmen.

Wir starten am Bahnhof von Zwiesel, einem Radknotenpunkt, an dem uns die sehr gute Beschilderung den Weg nach Frauenau vorgibt. Zuerst fahren wir die Dr.-Schott-Straße hinab zum Großen Regen, überqueren die Radlbrücke, rollen rechts am Stadtpark entlang und hinauf in die Stadtmitte. Vorbei an der Tourist-Info, biegen wir an der Frauenauer Straße rechts ab und erblicken auf der gegenüberliegenden Seite die traditionelle Kaffeerösterei Kirmse ❶. Hier kann man das Schwarze Elixier genießen oder das Kaffee-Museum besuchen. Wir rollen weiter vorbei an der Bärwurzerei Hieke ❷ und kommen zum Ortsende. Dort zweigen wir ab auf den Radweg, wo uns die Beschilderung über unsere nächste Zwischenstation informiert: Frauenau 5 km. Der Radweg und die Waldbahn folgen dem sich dahinschlängelnden Kleinen Regen in diesem schönen Tal. Nach kurzer Zeit erreichen wir den Weiler Dampfsäge, in dem wir an der Bushaltestelle die

Kurze Pause am Stausee

Fahrbahn überqueren und den gegenüberliegenden Radweg benutzen. Dieser führt uns durch ein riesiges Waldgebiet voller Tannen. Kurz vor Frauenau weitet sich das wunderschöne Tal vor uns aus, und wir erblicken das sonnenüberflutete Rachel-Massiv. Am Ortseingang folgen wir nicht dem Hinweis zur Trinkwassertalsperre, sondern fahren zuerst auf dem Radweg in die Ortschaft, zweigen dann auf die Hauptstraße und rollen hinab zum Glasmuseum an der Flanitzer Aue. Dieses Museum mit seinen Gläsernen Gärten ❸, der Glasarche ❹ und dem gläsernen Skulpturenpark ist besonders sehenswert. Nachdem wir uns in Ruhe dieses Glasareal angeschaut haben, fahren wir zurück in die Ortsmitte und biegen rechts ab auf die Badstraße Richtung Oberfrauenau. Jetzt tauchen wir ein in das mächtige Waldgebirge des Nationalparks Bayerischer Wald. Unsere Tour führt uns auf

Das älteste Gasthaus im Bayerischen Wald

einer leicht steiler werdenden Straße am Fuße des Rachel entlang. Sie verläuft auf den nächsten drei Kilometern immer wieder vorbei an kleinen Lichtungen mit eindrucksvollen Ausblicken. Dort erkennen wir den Arber und die umliegenden Bayerwaldberge. Die Strecke führt uns durch eine prachtvolle Allee, mit dem eindrucksvollen Gelände des ehemaligen Schlosses Oberfrauenau. Das sogenannte „Märchenschloss des Bayerischen Waldes" gehört dem Glashüttenbesitzer Freiherr von Poschinger; es besteht allerdings nur noch aus dem Gutsgebäude (mittlerweile eine Seniorenresidenz), einer Kapelle und dem Gutsgasthof (ein beliebtes Ziel vieler Radfahrer). Wir durchqueren dieses Areal und fahren weiter leicht bergauf zu einer Weggabelung. Dort nehmen wir links die idyllische Forststraße, auf der wir den Rachelsteig kreuzen und weiter entlang des Triftkanals auf dem Wanderweg des Gläsernen Steigs bis zur Hauptstraße fahren. Hier folgen wir der Straße, die einen Rechtsbogen macht und direkt an der Trinkwassertalsperre ❺ endet. Wir sind überwältigt von diesem gewaltigen Stausee, der sieben Landkreise mit insgesamt 500.000 Menschen versorgt und ein wichtiger Faktor für die Trinkwasseraufbereitung des Bayerischen Waldes ist. Wir folgen dem Weg über die Staumauer und fahren links hinab auf einer kleinen Asphaltstraße Richtung Buchenau. Nach 500 m geht unsere Straße in Schotter über und leitet uns einen Hang hinauf, von dem man die gesamte Region überblicken kann. An der Kuppe angekommen geht es steil bergab (Achtung Schotterstraße) und mitten in der Abfahrt scharf rechts, der Nationalpark-Radweg-Beschilderung folgend. Auf diesem kupierten Weg fahren wir ca. 1,5 km nach Buchenau. Die Markierung leitet uns am verwaisten Schloss Buchenau ❻ vorbei, dem ehemaligen Wohnsitz des Gutsherrn von Poschinger. An der Weggabelung orientieren wir uns weiter an unserem Markierungssymbol, das uns unsere Route vorgibt. Wir biegen links ab, fahren ca. 100 m bergab und biegen wiederum rechts auf einen Radweg. Dieser idyllische Weg führt uns immer bergauf parallel zur Straße nach Jungmaierhütte und weiter zur Spiegelhütte. Der Nationalpark-Radweg zweigt hier ab und fährt weiter Richtung Bayerisch Eisenstein. Nun folgen wir dieser verkehrsarmen Straße, die uns die nächsten 5 km 200 Höhenmeter bergab rauschen lässt. Wir genießen die Abfahrt durch dieses abenteuerliche Urwaldgebiet im Herzen Europas. Kurz vor Ludwigsthal ist es empfehlenswert, einen kleinen Abstecher in das Nationalparkzentrum Falkenstein ❼ mit seinem „Haus zur Wildnis" zu machen.
Nach diesem interessanten und lehrreichen Natur-Exkurs geht es zurück auf den Radweg Nr. 3, der uns über die Kristallglasmanufaktur Theresienthal zurück nach Zwiesel bringt.

Am Biergarten Schwellhäusl

Abenteuer erleben in Bayerisch Kanada

Zwischen Felsen, Flüssen und Burgen im Regental

TOUR 14

Viechtach, Parkplatz am Antonius-Kircherl
Navi: Kollnburger Straße 20, 94234 Viechtach

Viechtach –Schlatzendorf – Irlach – Fischaitnach – Viechtach Bhf. – Rugenmühle – Pirka – Höllenstein – Ruhmannsdorf – Steinhof – Fichtental – Geigenmühle – Engelsdorf – Hetzelsdorf – Riedmühle – Viechtach

11,7 km Schotter, 20,0 km Asphalt, 3,0 km kleine Flow-Trails

Zum Teil auf beschilderten Wanderwegen Nr. 5,6,1,3, dem Baierweg, der MTB-Beschilderung Nr. 36 und 37 und dem Regental-Radweg. Man muss sich aber hauptsächlich an den beschilderten Ortschaften orientieren.

Diese Tour ist ein landschaftlicher Hochgenuss mit herrlicher Aussicht auf Viechtach aus verschiedenen Perspektiven. Sie ist aber hauptsächlich für E-Biker und sportliche Radfahrer geeignet. Auf dieser Runde erwarten uns einige Flow-Trails und auch knackige Anstiege (gutes Profil ist Voraussetzung).

Tourist-Info Viechtach, Stadtplatz 1, 94234 Viechtach
Rathaus Viechtach, Mönchshofstr. 31, 94234 Viechtach

2rad Schmid, Krumwiesenweg 6, 94234 Viechtach, Tel. 09942/2483

Viechtach, Stadtplatz 1, Tel. 09942/1661

mittel | 34,7 km | 610 Hm | 3:00 Std.

m: 550, 520, 490, 460, 430, 400
km: 5, 10, 15, 20, 25, 30

1 Antonius Kircherl
2 Dr.-Schellerer-Park
3 Heiligenfigur
4 Freibad Viechtach
5 Der große Pfahl
6 Kneippanlage

Der Start unserer Tour ist am Parkplatz des Antonius-Kircherls ❶, direkt am Kleinen Pfahl gelegen. Dieses Naturschutzgebiet „Antoniuspfahl" gibt es schon seit 1935 und hat neben der außergewöhnlichen Flora und Fauna sowie den etwas bizarren Quarzfelsen vor allem die Kapelle, die dem heiligen Antonius geweiht ist.

Wir lassen es am Anfang gemütlicher angehen und fahren auf dem Schotterweg südöstlich, dem Wanderweg Nr. 5 folgend, parallel zum kleinen Wäldchen, Richtung Schlatzendorf. Er führt uns zur Dr.-Winterling-Straße, an der wir bei schönem Wetter rechts am Horizont die traumhaften Höhenzüge des Hirschenstein und des Rauhen Kulm erblicken. Nach 50 m rollen wir links zur Unterführung, fahren unter der B85 hindurch und biegen sofort wieder rechts nach Schlatzendorf ab. Dieser Straße folgen wir, kommen zu einer langgezogenen Linkskurve, die uns zum scharf rechts abknickenden Mitterweg leitet. Nun geht es ca. 1 km durch diesen Ortsteil, an dessen Ende wir in die Schädlbergstraße links abbiegen und mit unserem Bike sanft bergab rollen. An der Nussbergerstraße angekommen, geht es scharf rechts auf die alte Bundesstraße, an der wir die letzten Häuser von Schlatzendorf hinter uns lassen. Jetzt sind wir außerhalb der Ortschaft und genießen den angenehmen Fahrtwind, der uns in dieser wunderbaren Natur entgegenweht. Unsere Route verläuft entlang vieler Tannen-, Buchen- und Fichtenwälder, ehe uns die abfallende Straße in ein wildromantisches Tal mit der ruhig dahinfließenden Aitnach führt. Nachdem wir die Brücke überquert haben, zweigt eine Beschilderung ins idyllische Liebestal, das allerdings für Radfahrer gesperrt ist. Wir bleiben auf dieser sich dahinschlängelnden, schmalen Straße, die uns der Beschilderung folgend entlang an kleinen, versteckten Teichen und Weilern nach Irlach bringt. Hier schalten wir auf einen kleinen Gang, halten uns links und fahren einen Schotterweg steil bergauf. Die nächsten 500 m müssen wir 50 Höhenmeter überwinden, die bei reduzierter Geschwindigkeit bestimmt kein Problem darstellen. Der Weg endet an einer asphaltierten Landstraße, die uns eine traumhafte Sicht auf die Burgruine Neunußberg gewährt. Hier biegen wir links ab und haben

Eindrucksvoller Blick auf Viechtach

Regenbrücke

Blick vom Regen auf Viechtach

Die Waldbahn begleitet uns

Heiligenfigur beim Schwarzen Regen am Stoaberg

nach weiteren 200 Metern einen hervorragenden Ausblick auf das Regental und auf die Stadt Viechtach. Nachdem wir an Rannersdorf vorbeigefahren sind, kommen wir an eine Abzweigung, die uns zeigt, dass wir der MTB-Tour Nr. 37 nach Fischaitnach folgen müssen. Jetzt geht es rasant bergab durch ein kleines Wäldchen und weiterführend auf einer gut asphaltierten Straße nach Fischaitnach. An der Kreuzung nach der zweiten Brücke zeigt uns ein Schild, dass es rechts zum Adventure Camp Schnitzmühle mit seinem hervorragenden Restaurant (ein Geheimtipp in Radfahrerkreisen) und zur Waldbahn geht. Hier halten wir uns aber an die linke Beschilderung und folgen dem Wanderweg Nr. 5. Dieser führt uns einen schönen Waldweg entlang, zu einem alleinstehenden Haus. Hier zweigen wir links ab und fahren weiter über einen Trampelpfad mit einem abschließenden kleinen Anstieg zur nächsten Landstraße. Die Beschilderung leitet uns auf einer Rechts-Links-Traverse zu einem Forstweg, von dem man einen atemberaubenden Ausblick auf Viechtach hat. Diesen langgezogenen Weg fahren wir bis Schlatzendorf. Vorbei am Feriendorf Schwarzholz und dem Kinderspielplatz kommen wir zur Nussbergerstraße, in die wir rechts abbiegen. Jetzt sind wir auf dem Regental-Radweg, der von Bayerisch Eisenstein nach Regensburg verläuft und uns in Viechtach durch die Stadt leitet. Wir fahren an der nächsten Querstraße scharf rechts steil bergab. Dort lassen wir uns treiben, kommen auf eine langgezogene Linkskurve und rollen entlang der Waldbahn und der Dr.- Schellerer-Straße in den gleichnamigen Dr.-Schellerer-Park 2. Hier reduzieren wir unsere Geschwindigkeit und genießen diesen lieblichen, kleinen Park. Es geht vorbei an

Idyllische Augenblicke am Regen

der Minigolfanlage, dem Bewegungsparcours, dem Brunnen und der Eislauffläche. Der angrenzende schmale Radweg bringt uns weiter in Serpentinen hinunter zum Bahnhof Viechtach. Die Haltestelle der idyllischen Waldbahn ist Ausgangspunkt vieler Wanderer, Mountainbiker und Genuss-Radfahrer. Wir überqueren die Gleise, fahren am Infopavillon vorbei und zweigen an dem rötlichen Haus der „Jugendkultur Werkstod" links ab. Dort geht es unter der Eisenbahnbrücke hindurch und weiter bis zur Hauptstraße. In einer weiteren Rechts-Links-Kombination geht es unter der Brücke durch und links abzweigend Richtung Klärwerk. Hier orientieren wir uns an dem Wanderweg Nr. 6 Richtung Stoaberg, der parallel zum höher gelegenen Radweg verläuft. Nun geht es in die idyllische Regentalaue, die landschaftlich ein Hochgenuss ist. Sie ist nicht nur Lebensraum für zahlreiche, seltene Tier- und Pflanzenarten, sondern auch ein abenteuerlicher Bereich für Wassersportler ohne Motor. Auf der linken Seite ragen viele Felsen empor und rechts plätschert das Wasser entlang unseres Wald- und Wiesenweges. Nicht umsonst wird dieser Landstrich am Schwarzen Regen „Bayerisch Kanada" genannt. Weiter geht es über eine Wiese zur Regenbrücke, an der wir auf der gegenüberliegenden Seite den „Stoaberg" mit der Heiligenfigur 3 direkt am Felsen bewundern. Wir fahren unter der Regenbrücke durch und gleich im 180-Grad-Winkel scharf nach links auf die Verbindungsstraße Viechtach – Bad Kötzting. Hier geht es über die Regenbrücke, an der wir den Wanderweg Nr. 6 verlassen und der Nr.1 zur Rugenmühle folgen. Am letzten Haus biegen wir links ab, folgen dem Feldweg hinauf bis zur Kuppe und haben einen tollen Blick auf das Waldmeer des Regentals. Unsere Route führt weiter über eine Wiese, am Waldrand entlang und leicht bergauf und bergab durch ein kleines Wäldchen nach Pirka. Da die Beschilderung auch auf dem Baierweg ist, folgen wir den großen Schildern (blaue Raute), die uns mit Richtungspfeilen und sehr guten Kilometerangaben den Weg weisen. Ein asphaltierter Weg führt uns bergauf, vorbei an einer kleinen Kapelle, bis zur Hauptstraße. Dort nutzen wir den linken Radweg, fahren bis zum Ortsende und biegen wiederum links am Rastplatz „Auwiesenweg" ein. Nun geht es ganz entspannt bergab, zuerst auf Teer und nach 500 m auf einem Schotterweg. Auf diesem erwartet uns in der Senke eine scharfe Linkskurve, auf der wir am Gegenhang einen schön zu fahrenden Forstweg bergauf fahren. Nun folgen wir längere Zeit der MTB-Nr. 36, die uns am Gröllerhaus vorbeileitet, dort einen kleinen Flow-Trail entlangführt und wieder auf dem Forstweg hinunter in ein Flussbett lotst. Über eine kleine Felsenbrücke (bitte absteigen) geht es über den Bach, sofort einen kleinen Weg bergauf und über einen Trampelpfad und eine Wiese hinauf zum Gasthaus Miethaner in Höllenstein. Nach einer kurzen Verschnaufpause lassen wir es die asphaltierte Straße hinunter zum Kraftwerk Höllenstein laufen. Dort überqueren wir auf dem schmalen Weg den Staudamm und biegen links auf der Forststraße ab. An der Beschilderung erfahren wir, dass es bis Ruhmannsdorf noch 3 km sind.

Die erste Hälfte der Strecke fahren wir langsam bergauf. Eindrucksvoll erblicken wir auf der rechten Seite des Weges riesige, bemooste Felsen, die den Waldboden bedecken. Auf der linken Seite fällt der Hang steil bergab bis zum Schwarzen Regen, der sich durch faszinierende Felsendurchbrüche dahinschlängelt. Wir biegen an der Weggabelung mit der Nr. 36 links ab und folgen den immer schmäler werden Weg nach Ruhmannsdorf. Die Ortschaft durchqueren wir leicht ansteigend und zweigen von der Nr. 36 am Ortsende links ab Richtung Tresdorf. Nun führt uns ein weiterer etwas unebener Waldweg mit der Beschilderung Nr. 1 bergab nach Steinmühle. Dort kommen wir rechts abbiegend auf eine schmale Straße. Diese fahren wir bergauf und stoßen auf den Regental-Radweg. Wir biegen in Fichtental rechts ab und rollen die nächsten 500 Meter entspannt zur Hauptstraße.

Dort verlassen wir den Radweg, folgen der Straße und biegen nach weiteren 500 m links ab. Die Beschilderung lotst uns steil bergauf nach Engelsdorf. Wenn Sie Glück haben, begrüßt Sie am ersten alleinstehenden Bauernhof von Engelsdorf ein Hahn, der sich über die willkommene Abwechslung sehr freut. Wir fahren weiter an einem kleinen Windrad und einem Kreuz mit Marterl vorbei und überqueren die Bundesstraße. Die weiterführende Straße bringt uns in das Dorf Hetzelsdorf, in dem wir auf der Nr. 6 links abbiegen und dem Straßenverlauf folgend zuerst leicht bergauf am Waldrand entlang und weiter über eine Schotterstraße hinab zum Campingplatz Knaus fahren. An der Hauptstraße Waldfrieden angekommen führt uns der Routenverlauf bergab am Viechtacher Freibad 4 und am Wahrzeichen der Stadt Viechtach, dem „Großen Pfahl" 5, entlang zur Riedmühle. Dort biegen wir rechts ab und folgen der Beschilderung Nr. 3. Jetzt radeln wir noch einmal leicht ansteigend auf einem Schotterweg bis zur Kneippanlage. 6 Hier kühlen wir unsere müden Beine etwas ab, ehe wir links über die Brücke und dem Waldweg folgend weiter zur nächsten Abzweigung fahren. An dieser halten wir uns wiederum links, fahren zur Straße „Reichsdorf Nord" und weiter rechts abzweigend zur Kollnburger Straße. Diese überqueren wir und rollen links den Radweg entlang zu unserem Zielort am Antonius-Kircherl.

ADVENTURE CAMP SCHNITZMÜHLE

Schnitzmühle 1 | 94234 Viechtach
Tel. 09942/94810 | www.schnitzmuehle.de

BAYERISCH KANADA

Das Gebiet zwischen Teisnach und Viechtach, immer entlang des Flusses Schwarzer Regen, mit den unberührten Naturschönheiten im Regental und den vielen abenteuerlichen Bergmassiven wird nicht umsonst „Bayerisch Kanada" genannt. Egal ob auf dem Wasser, zu Fuß oder auf dem Bike, in diesem genialen Outdoor-Gebiet am Fuße des Pröller, Predigtstuhl und Hirschenstein mit Blick auf den Arber hat man unbegrenzte Möglichkeiten.

Panoramatour Deluxe zur Chamer Hütte

Über die Auerhahnstraße zum Schutzhaus Kleiner Arber (Chamer Hütte)

TOUR 15

Tourist-Information Bodenmais
Navi: Bahnhofstraße 56, 94249 Bodenmais

Bodenmais – Hotel Böhmhof – Hochmoorebene Kiesau – Aktivzentrum Bretterschachten – Abzweig. Mittagsplatzl – Chamer Hütte – Abzweig. Tausenderkreuzung – Abzweig. Scharebenstraße – Bodenmais

28,7 km Schotter, 7,0 km Asphalt

Am Anfang Markierung Nr. 44, ab Aktivzentrum Nr. 30 C, dann wieder 44. Ab der Tausenderkreuzung Markierung Nr. 13 und ab Schareben Straße Nr. 30

Diese Tour ist hauptsächlich für E-Biker oder sportliche Genuss-Radfahrer geeignet. Sie führt in der ersten Hälfte auf sehr schön zu fahrenden Forstwegen moderat bergauf, die bis zur Chamer Hütte immer fordernder werden. Genießen Sie unterwegs die schöne Umgebung, die vielfältige Natur und die verschiedensten Ausblicke. Ab der Chamer Hütte geht es überwiegend bergab.

Chamer Hütte

Sporthaus Weinberger, Jahnstr. 20, 94249 Bodenmais, Tel. 09924/902273

Bodenmais Tourismus & Marketing GmbH
Bahnhofstr. 56, 94249 Bodenmais
Tel. 09924/778135

Die Chamer Hütte (Schutzhaus Kleiner Arber) hat im Sommer von 15. Juni bis 31. Oktober täglich von 11.00 Uhr bis 17.00 Uhr geöffnet.

schwer | 35,7 km | 750 Hm | 4:00 Std.

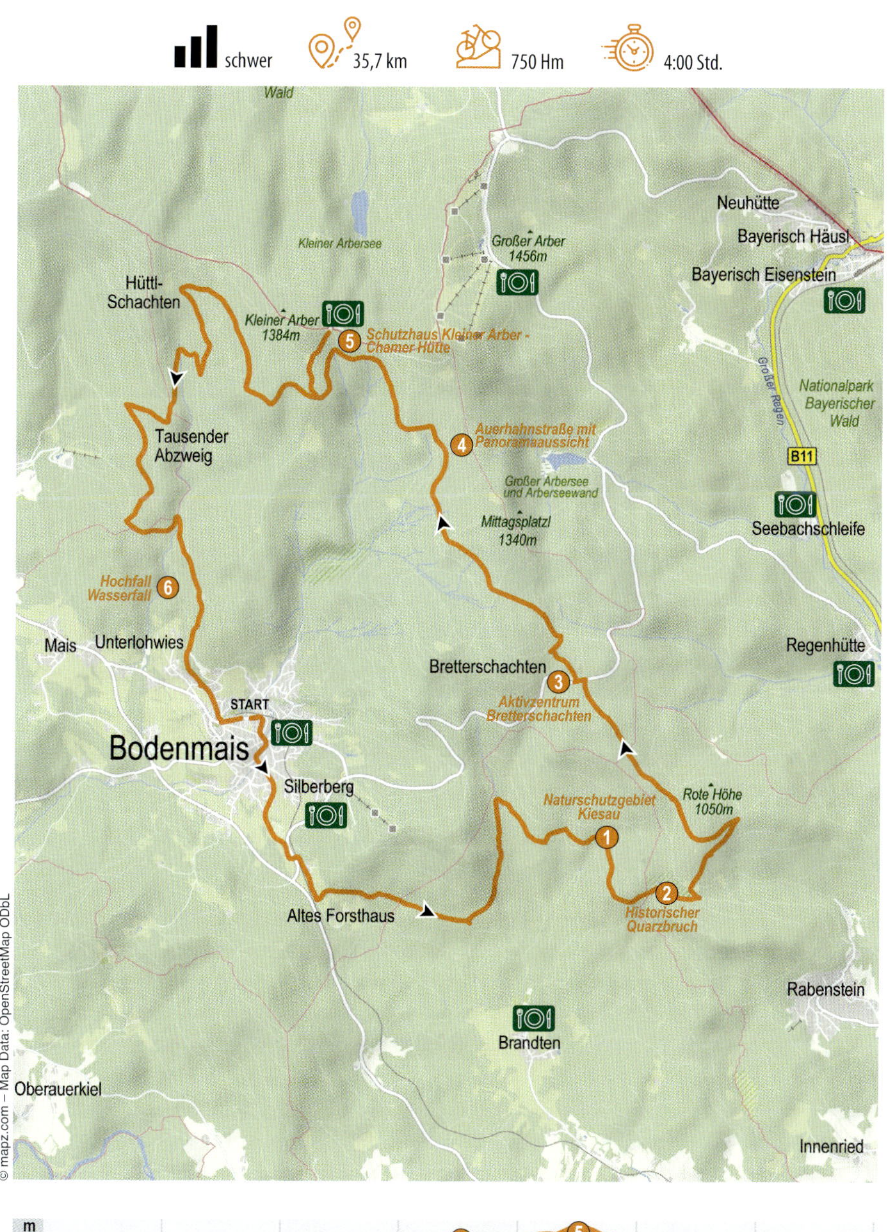

Erholung auf der Chamer Hütte

Unter der Waldbahn hindurch zum Hotel Böhmhof

In der Ortsmitte, vor der Tourist-Information Bodenmais starten wir unsere heutige Tour. Wir lassen es am Anfang gemütlich angehen und rollen links die Bahnhofstraße entlang bergab bis zum Dreifaltigkeitsplatz. Hier bleiben wir auf der Regener Straße, die uns an der Gedenksäule und dem Herrgottsschnitzer vorbei Richtung Ortsausgang leitet. Es geht leicht bergauf bis zur Hauptstraße, diese überqueren wir und folgen dem Schild „Waldbahn-Haltepunkt", das uns unter der Eisenbahnbrücke hindurchleitet und rechts zum Hotel Böhmhof bringt. Ab hier beginnt die Beschilderung unserer Tour mit der Radwegemarkierung Nr. 44, welcher wir die nächsten 10 km folgen.

Zuerst geht es auf einer kleinen Straße am Hotel Böhmhof vorbei bis zur nächsten Abzweigung, dort folgen wir links der Beschilderung „Altes Forsthaus". Wir biegen ein, fahren am „Alten Forsthaus" vorbei und lassen es genüsslich auf der Walzenstraße, die ca. zwei Kilometer flach verläuft, entlangrollen. Nun beginnt der lange Anstieg der Tour, der uns die ersten Meter auf einer gut zu fahrenden Forststraße durch einen dichten Bergmischwald führt. Auf der rechten abfallenden Seite plätschert der Schwarzbach und links faszinieren die bemoosten Hänge entlang des Brandtner Riegels. Das Schild „Wandern auf den Spuren der Bergleute" der Bayerischen Staatsforsten erinnert an den Forstbetrieb von damals und heute. Wir radeln weiter, halten uns am zweiten Wegekreuz rechts Richtung „Brandten" und kommen an der nächsten großen Weggabelung in das Naturschutzgebiet Kiesau ❶ mit seinen Hochmoorflächen. Hier machen wir einen kleinen Abstecher zum historischen Quarzbruch ❷. Dazu müssen wir uns an der Abzweigung der Streckenmarkierung 30 B orientieren (Winterwanderweg Rabenstein), diese fahren wir nach 400 m links weiter. Dort entdecken wir auf der rechten Seite einge-

Auf der Auerhahnstraße mit Blick ins Zellertal

Traumhafter Ausblick

bettet in einem kleinen Waldstück die riesigen Felsen des Quarzbruchs „Hennenkobel", die sich vor uns auftürmen. In früheren Tagen wurde hier Quarz abgebaut für die Rabensteiner Glashütten. Informationstafeln informieren über die Geschichte dieses ehemaligen Quarzgewinnungsortes. Diese Stollen, die für die Öffentlichkeit nicht zugänglich sind, werden heute noch von Fledermäusen als Winterquartiere genutzt.

Wir fahren wieder zurück zu unserer ursprünglichen Strecke, bleiben auf der Beschilderung MTB-Nr. 44 und folgen der Forststraße. Sie leitet uns geradeaus auf wechselndem Untergrund von Schotter auf Teer.
An der nächsten Abzweigung geht es kurz links die Forststraße entlang und gleich wieder rechts steil bergauf Richtung Schachtenbach. In diesem riesigen Waldareal mit wunderschönen Bäumen und einer traumhaften Sicht ins Ludwigsthal geht es immer weiter hinauf auf der Schotterstraße Richtung Bretterschachten. Nach 1 km biegen wir in einer 180-Grad-Kurve scharf links ab und folgen der Beschilderung am Fuße der Roten Höhe (1.050 m). Der Weg bringt uns nach einer langgezogenen Rechtskurve zu einem größeren Platz mit verschiedenen Schildern. Nach kurzer Orientierung entdecken wir das etwas versteckte blau-weiß-schwarze MTB-Schild Nr. 44 des Arberlandes, dem wir geradeaus bergauf folgen. Auf den nächsten 1,5 km überwinden wir 100 Höhen-

meter und kommen direkt an der Arberstraße im DSV-Nordic-Aktiv-Zentrum Bretterschachten (1.120 Meter) 3 heraus. Wir überqueren die Straße, schauen uns zuerst um und informieren uns an den Übersichtstafeln über das vom Deutschen Skiverband zertifizierte Nordic-Aktiv-Zentrum. Da es ein Ganzjahreszentrum ist, können nicht nur Langläufer und Schneeschuhgeher im Winter dieses Gebiet nutzen, sondern im Sommer vor allem Mountainbiker und Wanderer auf eindrucksvollen Gipfeltouren ihren Sport betreiben. Nach einer kurzen Pause, die wir uns nach dieser anstrengenden Passage verdient haben, füllen wir unsere Glykogenspeicher mit einem Energie-Snack und einem kräftigen Schluck aus der Trinkflasche auf. Gleich mit Beginn der Forststraße am Aktivzentrum findet ein kurzer Markierungswechsel für ca. 1 km statt. Wir folgen der MTB-Nr. 30C, die uns zu einer Kreuzung bringt. Hier gibt es eine Abzweigung zum Mittagsplatzl (dorthin kann man zu Fuß einen Abstecher machen), einem beliebten Wanderziel für Alt und Jung. Der bekannte bayerische Heimatschriftsteller Friedl Thorward war schon an diesem magischen Ort und bezeichnete das Mittagsplatzl als „das schönste Fleckerl im ganzen Woid" und da hatte er gar nicht so unrecht. Die eindrucksvolle Aussicht auf den Großen Arbersee, in den Böhmerwald und auf den Großen Falkenstein ist einfach sensationell.

Wir fahren weiter auf unserer beschilderten Route und folgen dem Panoramahöhenweg, einem gut ausgebauten Forstweg, immer leicht bergauf. Hier genießen wir die atemberaubende Aussicht ins Zellertal. Es geht die herrliche Auerhahnstraße 4 entlang, sowie am Seesteig und dem Arberschachten vorbei mit eindrucksvollen Ausblicken auf den Kleinen und Großen Arber. Angekommen am Chamerhüttenweg zweigen wir rechts ab und fahren in leicht welligem Terrain zur wohlverdienten Einkehr in das Schutzhaus Kleiner Arber (Chamer Hütte) 5. Oben angekommen treffen wir viele Biker und freuen uns, dass wir auf der Sonnenterrasse bei netten Gesprächen gemütlich eine baye-

Bei einer Brotzeit auf der Chamer Hütte

rische Brotzeit oder einen wunderbaren Apfelstrudel mit Vanilleeis serviert bekommen. Nach so vielen überwundenen Höhenmetern gönnen wir uns in entspannter Atmosphäre eine längere Pause.
Nach der gemütlichen Hütteneinkehr geht es auf dem Rückweg nach Bodenmais nur noch bergab. Wir radeln den gleichen Weg über den Chamerhüttenweg zurück bis zur Abzweigung Auerhahnstraße. Dort halten wir uns rechts und treten gemütlich auf der Radwegemarkierung Nr. 44 unterhalb des „Wildschutzgebietes für Auerwild" für ca. 4 km bis zur Tausenderkreuzung (zweite große Kreuzung) in die Pedale.
Hier gibt es wieder einen kurzen Markierungswechsel von der Nr. 44 links auf die Nr. 13. Eine kleine Asphaltstraße führt uns steil bergab (immer bremsbereit sein) bis zur Scharebenstraße. Von hier lohnt sich ein Abstecher zu dem 500 m entfernten Naturdenkmal Hochfall mit seinem Wasserfall 6.
Zurück an der Kreuzung geht es die restlichen 5 Kilometer vorbei an der Lehrwerkstatt Oberlohwies der Forstdirektion Bodenmais und hinab durch die herrlichen Wälder in den heilklimatischen Ort Bodenmais. Auf der Scharebenstraße rollen wir weiter zu den Arkaden des Joska-Glasparadieses 7 und links die Bahnhofstraße entlang zu unserem Ausgangspunkt Tourist-Info Bodenmais.

CHAMER HÜTTE

Die 1951 erbaute Chamer Hütte liegt am Südhang des Kleinen Arber mitten im Naturpark Bayerischer Wald und ist Anlaufstation vieler Wanderer und Radfahrer. Der Skiclub Bodenmais bewirtschaftet die Hütte und hat neben der Gastronomie auch Übernachtungsmöglichkeiten (service@sc-bodenmais.de).
Tel. 09924/7700717

BIKER-REGION BODENMAIS

Die Biker-Region Bodenmais ist ein außergewöhnliches Bike-Revier mit 17 MTB-Touren und auch vielen Genuss-Touren.
Unter dem Motto „Naturbelassen, vielseitig, lebendig und liebenswert" hat man die Touren für jeden Schwierigkeitsgrad hervorragend ausgewählt.
In dem eindrucksvollen Gebiet „Rund um den Arber" kann jeder Biker in dieser traumhaften Bergkulisse und der außergewöhnlichen Landschaft mit dem Bike auf Entdeckertour gehen. Neben Hüttentouren gibt es Rundtouren, E-Bike-Touren, den Trans-Bayerwald-Trail für Mountainbiker und den Zellertal-Radweg.
Zusätzlich verfügt das Radl-Eldorado über Wanderbusse mit Radtransport, Bike-Waschplätze und Radwerkstätten. Und für unsere Kids: Überraschungen auf kleinen Touren „Rund um Bodenmais" und auf der spannenden Ameisenstraße. Habt Spaß auf einer Strecke von 2,3 km mit 27 Stationen.

Ein Hauch von Taiga – der Nationalparkrad(rund)weg

Durch die Nationalparks Bayerischer Wald und Šumava

TOUR 16

Bahnhof Bayerisch Eisenstein
Navi: Bahnhofstraße, 94252 Bayerisch Eisenstein

Bayerisch Eisenstein – Nová Hurka – Prášily – Modrava – Kvilda – Bucina – Finsterau – Mauth – Neuschönau – Spiegelau – Frauenau – Buchenau – Ludwigsthal – Regenhütte – Seebachschleife – Bayerisch Eisenstein

Nationalpark Šumava: Nr. 2118
Šumavská cyklomagistrála Nr. 33 und Nationalpark-Beschilderung

Diese 2-3-Tagestour hat knackige Anstiege, endlose Weiten, Hochmoore und tolle Gasthäuser. Voraussetzung ist ein E-Bike oder sehr gute Kondition.

Bayerisch Eisenstein, Finsterau, Mauth, Neuschönau, Sankt Oswald-Riedlhütte, Frauenau, Zwiesel, Ludwigsthal

Kola Kvilda, Kvilda 37, 38493 Kvilda
Radsport Hüsemann, Hauptstr. 49, 94518 Spiegelau, Tel. 08553/6434
Radsport Leitl, Theresienthal 51, 94227 Zwiesel, Tel. 09922/802157

Bayerisch Eisenstein, Schulbergstr. 1, 94252 Bayerisch Eisenstein, Tel. 09925/9019-001
Informationszentrum Kvilda, Kvilda 14, 38493 Kvilda
Tel. +420 388 435 544

Personalausweis dürfen Sie nicht vergessen. Empfohlen werden auch Kronen (ca. 25 Kronen = 1 Euro).

schwer | 150 km | 2.330 Hm | 2-3 Tage

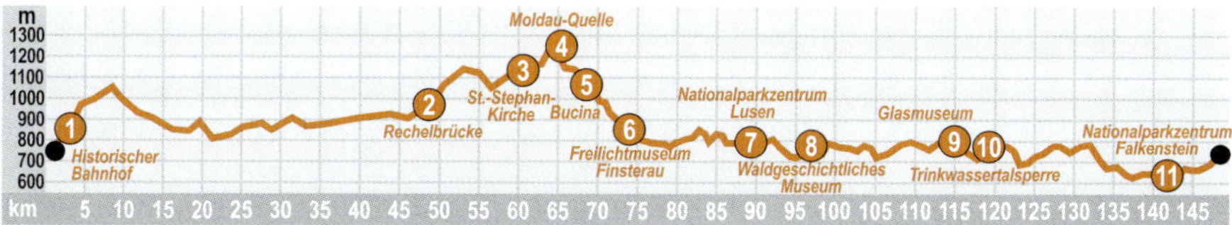

Landesgrenze am Grünen Dach Europas

Abenteuerlicher Abstecher kurz vor Modrava

Im Nationalpark Šumava

Der Historische Grenzbahnhof ❶ in Bayerisch Eisenstein ist der ideale Startort unserer Radtour durch die Nationalparks Šumava und Bayerischer Wald. Grenzenlose Waldwildnis, außergewöhnliche Naturerlebnisse und historische Zeitzeugen begleiten uns dabei. Zum Einrollen geht es die ersten Meter an den Gleisen entlang in nördlicher Richtung nach Tschechien. Wir fahren links auf den Radweg über die Rezna und weiter bis ans Ende von Alžbetin. Dort überqueren wir rechts wieder die Gleise und hinauf geht es den ersten steilen Anstieg. Er führt uns bis zum Radwegeknotenpunkt Debrník, wo wir schon das erste Mal eine kleine Pause einlegen und uns an der tschechischen Übersichtskarte und den vielen Wegweisern orientieren. Wir nehmen den Radweg Nr. 2118 und tauchen ein in das riesige Waldgebiet. An diesem Herbsttag säumen auf einer idyllischen Allee viele bunte Laubbäume unsere Strecke. Jetzt heißt es langsam fahren und einen kleinen Gang einlegen. Denn der Radweg führt uns die nächsten 5 km von 770 Hm bis auf 1.000 Hm. Oben angekommen rollen wir hinunter, wo uns das anschließende Gefälle rasch unter die 1000-Meter-Marke purzeln lässt. Wir stoßen auf die Hauptstraße mit der parallel verlaufenden Šumavská cyklomagistrála Nr. 33. Dieser Radweg wird uns auf unserer heutigen Etappe immer wieder begleiten. Wir folgen unserer Route, die uns durch Nova Hurka bis zur Abzweigung Skelná bringt. Hier biegen wir rechts ab und rollen genüsslich bis Prášily. Diese liebenswerte Ortschaft hat gute Gasthäuser und ist Startort vieler Wanderer, die den Poledník (1.315 m) oder andere Berge besteigen möchten. Es geht weiter über traumhafte Hochmoore sowie durch das unendlich schöne Waldmeer des Národní Park, bis zur Abzweigung nach Mechov. Hier biegen wir von der Nr. 33 rechts ab und folgen dem malerischen

Der Autor bei der Erkundung in Prášily

Chinitz-Tettauer Schwemmkanal, der entlang ehemaliger Holzfällersiedlungen für die Holzflößerei angelegt wurde. Vorbei an einigen Steinbrücken und Rastplätzen stoßen wir auf Antygl, eine Spitzkehre leitet uns entlang der Vydra bis zur Rechelbrücke 2. Sie ist eine auf steinernen Pfeilern ruhende hölzerne Torbrücke, über die wir fahren, um dann nach Modrava zu kommen. Hier lohnt sich eine kleine Pause, da es in diesem touristischen Ort eine Tourist-Info, einen Offpark, viele Gasthäuser und hervorragende Pensionen (der Autor hat im sehr guten und günstigen Hotel Modrava übernachtet) gibt. Die Beschilderung (Nr. 33) führt uns aus dem Ort hinaus, immer stetig bergauf bis Filipova-Hut, das am Südhang des Berges Sokol liegt. Am Scheitelpunkt hat man eine schöne Aussicht zum Grenzkamm mit dem Doppelgipfel des Rachel. Von hier lassen wir es bergab rollen nach Kvilda. Sehenswert sind in diesem Dorf das Besucherzentrum mit seinem Lehrpfad im Hirschgehege und den Beobachtungstürmen sowie die Rundwege im Hochmoor und die St.-Stephan-Kirche 3 im Ortszentrum. Nach einem kurzen Besuch in der Bäckerei radeln wir aus dem Ort, halten uns rechts an die Route 1041, die uns über eine Bergwiese Richtung Schwarzenberg (1.315 m) leitet. In diesem Wandergebiet säumen zweisprachige Infotafeln die Strecke bis zur Grenze. Nach einigen Kilometern in dieser eindrucksvollen Landschaft erreichen wir die Moldau-Quelle 4, die etwas abseits vom Schotterweg zu finden ist. Sie ist mit Holzbrettern eingefasst und eines der Nationalsymbole der tschechischen Bevölkerung. Der Sage nach beschert es jedem Reichtum und Glück, der Münzen in die Moldauquelle wirft. Nach einer kurzen Pause am Radunterstand geht es weiter leicht bergauf, ehe wir die lange Abfahrt nach Bucina (Buchwald) 5 genießen. Hier setzte mit dem Fall des Eisernen Vorhangs im letzten Jahrzehnt ein regelrechter Radfahr- und Wander-Boom ein. Es ist aber auch ein Ort zum Innehalten, denn eine

Kurz nach Kvilda auf dem Weg zur Moldauquelle

Ereignisreiche Fahrt durch den Nationalpark Šumava

Gedenkstätte erinnert an die Nachkriegszeit des Eisernen Vorhangs. Es geht weiter leicht bergauf über die Grenze, ehe uns an der Kuppe ein 17% steiles Gefälle erwartet. Bevor die lange Talfahrt beginnt, genießen wir das eindrucksvolle Panorama in dieser fast unberührten Naturlandschaft. Auf diesem Hochplateau (1.170 m) beginnt nun die 12 km lange Abfahrt bis Finsterau. Nach ca. 2 km machen wir noch einen Abstecher zur Reschbachklause, dem größten Stausee im Bayerischen Wald. Zurück auf der Strecke rauschen wir hinab in das kleine Grenzdorf Finsterau.

Nach dem Ortsschild heißt es aufpassen, um nicht die rechte Abzweigung (von der Buchwaldstraße in die Museumsstraße) gegenüber dem Landhotel Bärnriegel zu übersehen. Das anschließende Gefälle lässt das Höhenlevel rasch unter die 1.000 -Meter-Marke purzeln. Hier geht die „Grenzenlose Waldwildnis" im ersten Nationalpark Deutschlands weiter, und wir sind begeistert von diesem einzigartigen Naturerlebnis. Kurz darauf wird das Freilichtmuseum Finsterau 6 passiert, wo die Geschichte von „Land und Leute" in eindrucksvoller Weise dargestellt wird. Entlang des plätschernden Reschbachs windet sich die abschüssige Straße Richtung Mauth. Zunehmend verflacht sich das Gelände, wo der kristallklare Reschbach, saftiggrüne Wiesen und dichte Wälder unsere Begleiter sind. Vorbei am Badesee Mauth kommen wir zur Abzweigung Jägerstrassl. Im spitzen Winkel wird rechts in eine bewaldete Bergpassage abgebogen. Es geht weiter am Fuße des Taferl und der Kleinen und Großen Kanzel, wo uns zwei kurze Anstiege ziemlich fordern. Diese ursprüngliche Waldwildnis würde man wohl eher in den Weiten Kanadas erwarten, was verdeutlicht, warum das Gebiet als „Grünes Dach Europas" bezeichnet wird. Nach der „Achterbahnfahrt", in der es kurvig rauf und runter geht, mündet der Forstweg unvermittelt am Parkplatz Sagwassersäge. Das Sagwasser ist ein Bach, der in den Höhen des Lusen entspringt und bei Schönanger in die Kleine Ohe fließt. Kurz darauf sind wir schon am Nationalparkzentrum Lusen 7 nahe Neuschönau.

Dort befinden sich ein Baumwipfelpfad sowie das Tier-Freigelände. Im Hans-Eisenmann-Haus erhalten wir umfassende Auskünfte und Informationsmaterial zum Nationalpark, zur Region und zu möglichen Aktivitäten. Der Baumwipfelpfad zählt zu den beeindruckendsten Holzbauwerken in Deutschland. Vom Einstieg bis zum 44 m hohen Aussichtsturm schlängelt sich der Steg auf großen Holzstelzen durch die Baumkronen des Mischwaldes.

Die Weiterfahrt führt über einen geschwungenen Waldpfad sanft talwärts, bis sich eine Flachetappe anschließt, die nur gelegentlich von leichten Gegensteigungen unterbrochen ist. Auf den hölzernen Wander-Wegweisern befindet sich häufig das Nationalpark-Radweg-Logo. Nun sind die anspruchsvollen Steigungen bewältigt. Es folgt ein ca. 20 km kraftschonender Streckenabschnitt vom Nationalparkzentrum Lusen bis Spiegelau. Eine prima Gelegenheit, neue Energien auf dem endlos wirkenden Waldpfad zu schöpfen, denn Rastbänke laden zum Innehalten ein. Kurz vor Spiegelau endet die Waldpassage. Nun verläuft die Route kurzfristig auf einer Ortsstraße. Das Waldgeschichtliche Museum St. Oswald 8, das der Nationalpark im nahegelegenen Ort betreibt, zeigt auf drei Etagen den gegenseitigen Einfluss von Mensch und Natur.

An den Seen des Kurparks Spiegelau vorbei geht es parallel zur Waldbahn wieder hinein in den sauerstoffreichen Wald. Der Beschilderung folgend fahren wir auf kleinen Straßen und Forstwegen über Althütte zum Klingenbrunner Bhf. Von dort rollen wir über die Altposchingerhütte nach Frauenau. Eingebettet in der herrlichen Mittelgebirgslandschaft am Fuße des Rachel präsentiert uns dieses Glasdorf neben einer Rokokokirche auch ein Glasmuseum mit Gläsernen Gärten 9. Der Erholungsort steht für Glashüttentradition und ist für seine Glaskunstszene weit über die Landkreisgrenzen hinaus bekannt. Wir fahren in die Ortsmitte, biegen rechts ab und kommen nach einem kurzen ansteigenden Stück nach Oberfrauenau. Am Gut Oberfrauenau nutzen wir den einladenden Biergarten für einen Einkehrschwung. Gestärkt fahren wir anschließend zur Trinkwassertalsperre Frauenau 10. An diesem Besinnungsort haben wir einen herrlichen Blick auf die Bayerwaldberge. Wir überqueren die Staumauer und fahren in das 5,5 km entfernte Buchenau. Am Schloss des ehemaligen Glashüttenbesitzers von Poschinger vorbei, geht es in einer Links-Rechts-Kombination auf einen asphaltierten Radweg, der uns über die Jungmaierhütte zur Spiegelhütte bringt (zwei ehemalige Glashütten). In einem Rechts-Links-Knick verläuft unsere Route direkt an Spiegelhütte vorbei. Im weiteren Verlauf steigt der Weg bis Scheuereck leicht an, ehe das Höhenniveau nach dem Rothirschgehege links über Kreuzstraßl bis Schleicher beträchtlich abnimmt. Danach verläuft der Forstweg in das Nationalparkzentrum Falkenstein 11. Hier besuchen wir auf jeden Fall das „Haus zur Wildnis". Danach fahren wir bis zur Einmündung der Waldhausstraße, wo wir uns links orientieren und auf dem Regental-Radweg bleiben. Dieser führt uns unter der Staatsstraße hindurch zur Rotaubrücke, die wir überqueren, wobei wir dann rechts auf einem Schotterweg bis Regenhütte biken und am Großen Regen entlangfahren bis zu unserem Start- und Zielort Bayerisch Eisenstein.

GASTHÄUSER (AUF DER STRECKE)

Bayerisch Eisenstein, Prášily, Antygl, Modrava, Kvilda, Bucina, Frauenau, Mauth, Neuschönau, Sankt Oswald-Riedlhütte, Spiegelau, Althütte, Klingenbrunn, Frauenau, Oberfrauenau, Buchenau, Schleicher, Scheuereck, Ludwigsthal, Schwellhäusl, Zwieslerwaldhaus, Regenhütte

Zeitzeugen am Grenzübergang Bucina

Auf dem Leinenradweg durch das Wegscheider Land

Kult(o)ur in der Heimat der Weber

TOUR 17

Breitenberg, Parkplatz Dreisesselstraße
Navi: Dreisesselstraße, 94139 Breitenberg

Breitenberg – Freizeitzentrum Gegenbach – Rastbüchl – Sonnen – Kasberg – Wegscheid – Meßnerschlag – Kohlstatt – Kriegwald - Breitenberg

39,9 km Asphalt,
4,0 km Schotter

Leinenradweg

Eine sehr gut beschilderte Strecke mit vielen kleinen Anstiegen und tollen Aussichtspunkten macht diese Tour zu einem wahren Erlebnis.
Zusätzlich geben Berge, Täler, Weiler und Kirchen diesem Landstrich einen unverwechselbaren Charakter. Ein kleines Stück (ab Kohlstatt bis kurz vor Breitenberg) wird in Österreich gefahren.

Rannasee, Maierhof 30, Wegscheid

Egger-Radl, Normannstr. 2, 94065 Waldkirchen, Tel. 08581/987310
Kreilinger-Shop, Sperlbrunn 3,
94110 Wegscheid, Tel. 08592/9394177

Breitenberg, Rathausplatz 3,
94139 Breitenberg, Tel. 08584/9618-0
Wegscheid, Marktstr. 1,
94110 Wegscheid, Tel. 08592/88813

Personalausweis nicht vergessen!

schwer · 43,9 km · 740 Hm · 3:30 Std.

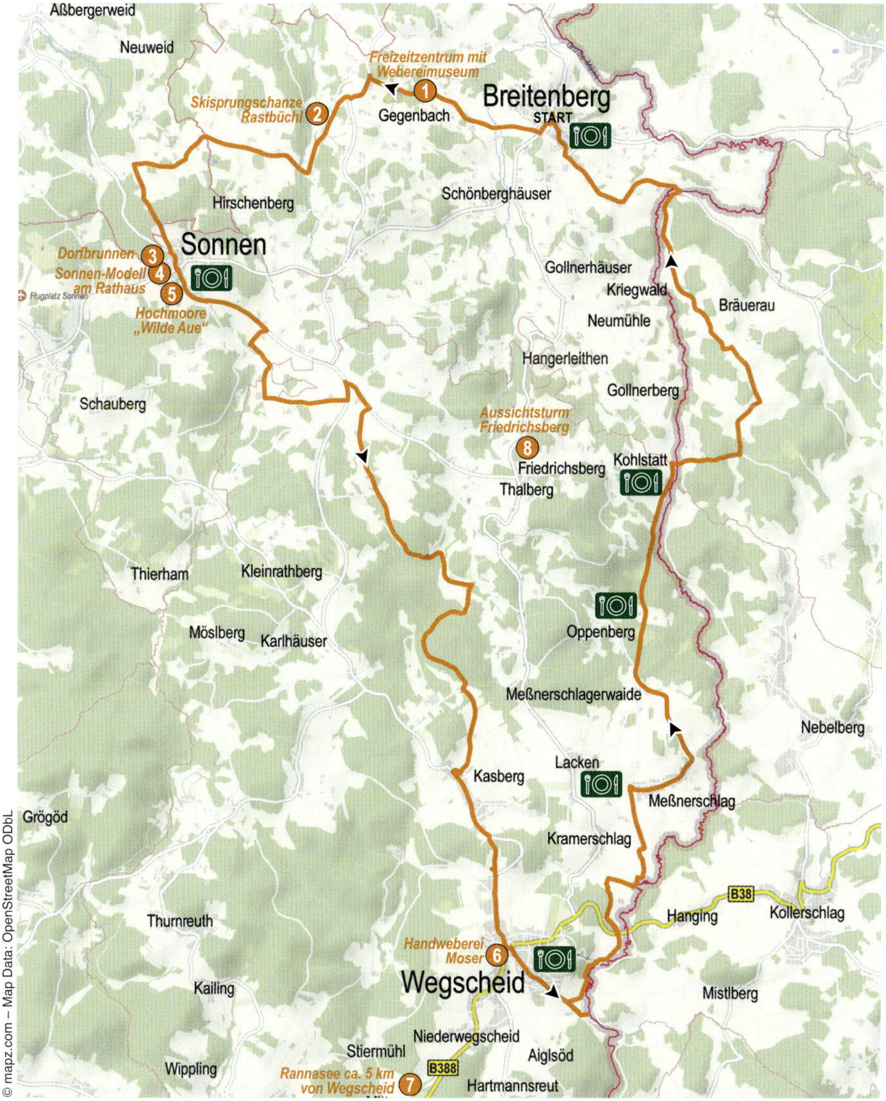

Aßbergerweid
Neuweid
Freizeitzentrum mit Webereimuseum
1
Breitenberg
START
Skisprungschanze Rastbüchl
2
Gegenbach
Schönberghäuser
Hirschenberg
Sonnen
Dorfbrunnen
3
Sonnen-Modell am Rathaus
4
5
Flugplatz Sonnen
Hochmoore „Wilde Aue"
Gollnerhäuser
Kriegwald
Bräuerau
Neumühle
Hangerleithen
Gollnerberg
Schauberg
Aussichtsturm Friedrichsberg
8
Friedrichsberg
Kohlstatt
Thalberg
Thierham
Kleinrathberg
Oppenberg
Möslberg
Karlhäuser
Meßnerschlagerwaide
Nebelberg
Lacken
Kasberg
Meßnerschlag
Grögöd
Kramerschlag
B38
Hanging
Kollerschlag
Thurnreuth
Handweberei Moser
6
Wegscheid
Kailing
Mistlberg
Niederwegscheid
Stiermühl
Aiglsöd
Wippling
Rannasee ca. 5 km von Wegscheid
7
B388
Hartmannsreut
© mapz.com – Map Data: OpenStreetMap ODbL

m
850
800
750
700
650
600
km
5
10
15
20
25
30
35
40
Skisprungschanze Rastbüchl
Hochmoore „Wilde Aue"
Dorfbrunnen
Sonnen-Modell am Rathaus
Freizeitzentrum mit Webereimuseum
Handweberei Moser
Rannasee ca. 5 km von Wegscheid
Aussichtsturm Friedrichsberg

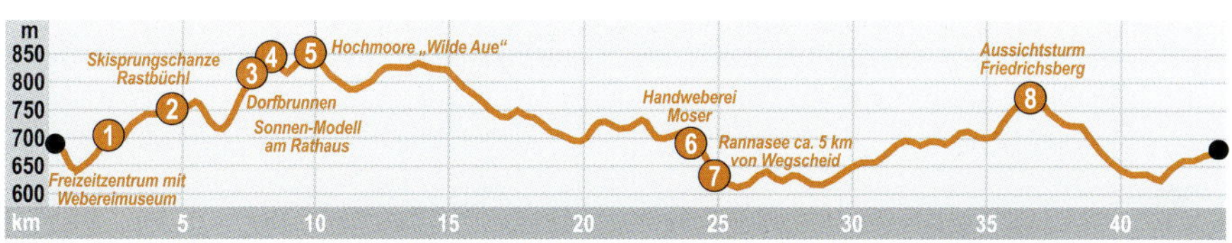

Webereimuseum am Freizeitzentrum Gegenbach

Sonnen am Granit- und Leinenradweg

Am Parkplatz Dreisesselstraße in der Ortsmitte von Breitenberg beginnt unsere Tour. Bei der Orientierung ist es hier recht einfach, da wir durchgehend der Markierung folgen. Sie führt uns über die Passauer Straße zum Ortsende, wo wir rechts am Edeka abbiegen und der Beschilderung zur „Skisprungschanze Rastbüchl" folgen. Die ersten Meter fahren wir hinab in eine Senke, um im weiteren Verlauf die Gegenbachstraße im gleichmäßigen Anstieg hinaufzutreten. Dort erwartet uns an der Kuppe schon der erste Ausblick auf den Hochficht und den Zwieselberg im Böhmerwald. Nach diesem ersten Panoramablick geht es bergab in das Freizeitzentrum Gegenbach ❶. Wir legen einen kleinen Stopp ein, um uns an den Schautafeln über die Donau-Moldau-Region einen Überblick zu verschaffen. Neben diesen Informationen finden wir in diesem Freizeit-Areal auch einen kleinen Badeweiher und ein bäuerliches Anwesen, in dem ein Webereimuseum beheimatet ist.

Weiter geht es auf der Asphaltstraße einen kurzen Anstieg hinauf zu einer Weggabelung, dort biegen wir links ab Richtung Sonnen. Nach 500 m leitet uns der Radweg an einigen Kiesbergen und dem Schild „Skisprungschanze Rastbüchl" rechts auf eine schmale Nebenstraße. Unsere Blicke wandern in einen Talkessel, in der die Baptist-Kitzlinger-Skisprungschanze ❷ auftaucht. Hier trainieren im Sommer nicht nur viele Kinder auf der Mattenschanze, sondern früher auch die Weltklasse-Skispringer Michael Uhrmann und Severin Freund. Wir bleiben auf dieser abgelegenen Straße und fahren inmitten der herrlichen Natur am Kramerberg vorbei bis zur Abzweigung Hirschenberg. Jetzt wird es etwas schwieriger, denn wir müssen einen 1,5 km langen Anstieg überwinden. Die traumhafte Umgebung mit den vielen blühenden Wiesen macht es uns leichter, diese steilen 110 Höhenmeter zu bezwingen. Nach der Hälfte des Anstiegs biegen wir links ab und fahren einen Panoramaweg mit einem wunderbaren Blick auf

Kurze Orientierung auf der Karte

das Dreisesselmassiv bergauf. Von der Kuppe lassen wir unser Bike in die Ortschaft Sonnen rollen. Nach einer kurzen Trinkpause an der Trinkwasserstation am Dorfbrunnen 3 schauen wir uns noch das Sonnen-Modell 4 am Rathaus (Schulstraße) an. Hier bekommen wir gleich ein Gefühl von der immensen Dimension unseres Sonnensystems. Zum Abschluss unseres Aufenthalts fahren wir noch zu den Hochmooren „Wilde Aue" 5. Bei diesen handelt es sich um die letzten, unberührten Hochmoore südlich des Arbers.

Weiter geht es „Am Kirchberg" zuerst bergauf und dann hinunter, wo uns die Beschilderung nach einer langgezogenen Rechtskurve, in einer Rechts-Links-Traverse über wunderschöne Felder leitet. Wir fahren über die Hochebene von Stüblhäuser, auf der uns die sehr gute Beschilderung über kleine Straßen, an einzelnen Weilern vorbei in einer sonnigen Bilderbuchlandschaft bis Kasberg bringt. Nicht umsonst wird diese Region eine der sonnigsten Gegenden Bayerns genannt. Weiter geht es vorbei an einer Windkraftanlage, durch wunderschöne Mischwälder sowie an einzelnen Weilern und Bauernhöfen vorbei zu einem kleinen Rastplatz. Hier legen wir eine kurze Trinkpause ein, ehe uns ein kleiner Anstieg ins 1 km entfernte Kasberg bringt. Dort folgen wir links unserer Route, durchqueren diese kleine, beschauliche Ortschaft und fahren nach der Ortstafel von der Hauptstraße rechts abzweigend bergauf auf einen Hügel. Nun lassen wir unser Bike auf einer Flurstraße hinunterlaufen zum Markt Wegscheid. Dort ist das Traditionsunternehmen der Handweberei Moser 6 auf jeden Fall einen Besuch wert. Die Liebe zum Handwerk und zur Tradition spiegelt sich in den hochwertigen Produkten wider.

Von der Ortsmitte lohnt sich auch ein Abstecher zum südlich gelegenen Erholungszentrum Rannasee 7, dem größten Badesee des Bayerischen Waldes. Nach dieser kleinen Pause fahren wir von der Ortsmitte über die Mühlgasse und die Ameisbergstraße hinab zur Jägermühle, dem südlichsten Punkt der Tour. Hier biegen wir in einen Feldweg links ein, fahren immer am Osterbach entlang, kommen am Skilift vorbei und stoßen auf die Hauptstraße. Diese überqueren wir, fahren weiter am idyllischen Grenzgürtel entlang und genießen die Ruhe in diesem paradiesischen Tal. Auf einem leicht ansteigenden Weg kommen wir nach Meßnerschlag und rollen rechts über die Teerstraße durch die Ortschaft. Am Ende dieses kleinen Dorfes biegen wir links auf eine Nebenstraße, die uns zu dem Weiler Meßnerschlagerwaide bringt. Nun geht es weiter gemütlich entlang der Grenze, durch den Meßnerschlagerwald, am urigen Grenzstüberl vorbei nach Kohlstatt. Hier hat man noch die Möglichkeit, den 2 km entfernten Aussichtsturm „Friedrichsberg" (903 m) 9 zu besichtigen. Wir fahren danach weiter und überqueren in Kohlstatt die Grenze nach Österreich, fahren bergauf über einen kleinen Feldweg mit Blick auf das Dreisesselgebiet und biegen an der Schifflerkapelle links ab. Am Fuße des Hirzenbergs geht unsere Fahrt durch den Kriegwald, und mit einer fantastischen Aussicht lassen wir uns hinuntertreiben bis zum Grenzübergang Kriegwald. Diesen passieren wir, folgen links abbiegend unserer Beschilderung und genießen die letzten Kilometer, die uns nach Breitenberg bringen.

Vom Adalbert-Stifter-Radweg zur Saußbachklamm

Auf den Spuren der Salzsäumer, des Sonnensystems und Deutschlands höchstem Flugplatz

TOUR 18

Bahnhof Waldkirchen, Parkplatz
Navi: Ladehofstraße, 94065 Waldkirchen

Waldkirchen – Jandelsbrunn – Aßberg – Neuweid – Sonnen – Oberneureuth – Heindlschlag – Erlauzwiesel – Saußbachklamm – Waldkirchen

9,2 km Schotter,
24,0 km Asphalt,
1,0 km Waldwege

Von Waldkirchen bis Jandelsbrunn auf dem Adalbert-Stifter-Radweg, weiter bis Bognerwies dem Donau-Moldau-Radweg folgen. Bis Sonnen ein kurzes Stück auf dem Leinenradweg, dann weiter bis Oberneureuth den Granitradweg befahren. Ab Flugplatz bitte an den Ortstafeln orientieren und vom Kurpark Erlauzwiesel bis Waldkirchen dem Auenradweg folgen.

Diese abwechslungsreiche Tour verbindet viele schöne Radwege des Landkreises Freyung-Grafenau miteinander. Sie hat außergewöhnliche Aussichtspunkte und führt zum Abschluss durch den idyllischen Kurpark und die wilde Saußbachklamm.

Tourist-Info, Marktplatz Waldkirchen

Egger-Radl, Normannstr. 2,
94065 Waldkirchen, Tel. 08581/987310
Bike and More, Pfeiffenaustr. 2,
94118 Jandelsbrunn, Tel. 08583/9793878

Waldkirchen, Marktplatz 17,
94065 Waldkirchen, Tel. 08581/19433

mittel
34,2 km
510 Hm
3:00 Std.
Appmannsberg
Spitzenberg
Neureichenau
Hintermühle
Gänswies
Spillerhäuser
Kernberg
Hauzenberg
Schiefweg
START
Pollmannsdorf
Motorrad- und Puppenmuseum
Mitterleinbach
Oberleinbach
Sickling
Ratzing
Oberndorf
Reichling
Hinterwollaberg
Jandelsbrunn
Langbruck
WALDKIRCHEN
Museum „Goldener Steig“
Karoli-Badepark
Schnaps-museum
Kurpark Erlauzwiesel
Erlauzwiesel
Gsenget
Kleingsenget
Laßberg
Unterhöhenstetten
Saßbach
Wollaberg
Aßberg
Aßbergerweid
Oberhöhenstetten
Kaffeekannen-Museum
Neuweid
Kühn
Unholdenberg
Dorn
Saußbachklamm
Sölling
Bernhardsberg
Naturpark Bayerischer Wald
Heindlschlag
Gegenbach
Stocking
Neidlingerberg
Hirschenberg
Holzfreyung
Sonnenmodell
Hochmoore „Wilde Aue“
Sonnen
Aussichtsturm Oberfrauenwald
Hemerau
Flugplatz Oberneureuth/Sonnen
Bauzing
HAUZENBERG
Hintertiessen
Erlau
m
850
780
710
640
570
500
km
5
10
15
20
25
30
Motorrad- und Puppenmuseum
Kaffeekannen-Museum
Sonnenmodell
Hochmoore „Wilde Aue“
Flugplatz Oberneureuth/Sonnen
Aussichtsturm Oberfrauenwald
Kurpark Erlauzwiesel
Saußbachklamm
Museum „Goldener Steig“
Schnapsmuseum
Karoli-Badepark

Der Startort Waldkirchen im Dreiländerereck

Unsere heutige Tour startet am Parkplatz des Bahnhofs der Salzsäumerstadt Waldkirchen. Dort fahren wir über die Gleise, biegen links ab und sind sofort auf dem Adalbert-Stifter-Radweg. Auf dieser ehemaligen Eisenbahntrasse Waldkirchen – Haidmühle – Wallern/Volary macht das Radfahren besonders viel Spaß, denn in dieser unbeschreiblichen Naturidylle ohne Autoverkehr zu radeln ist einfach ein Traum.

Wir rollen die ersten Meter leicht ansteigend aus der Ortschaft hinaus. Es geht unter einer Rundbogenbrücke, die an historische Eisenbahnzeiten erinnert, hindurch, an saftigen Wiesen vorbei durch eine weite hügelige Landschaft. Werfen wir einen Blick zurück, sehen wir am Hang gelegen im Sonnenlicht die wunderschöne Silhouette der Stadt Waldkirchen.

Weiter geht es einen festen Schotterweg entlang, der sich an Pollmannsdorf und Traxing vorbeischlängelt. Kurz nach Traxing stoßen wir auf ein 100 m langes Gleisstück, ein Relikt der damaligen Eisenbahnepoche. Informationstafeln informieren über die Historie dieser Eisenbahnzeit und des Dampflokzeitalters.

Die Strecke führt uns weiter auf dem Radweg in einer Links-Rechts-Variante über eine kleine Straße. Hier müssen vor allem die Kinder aufpassen, da man öfter an kleinen Straßenübergängen mit Autoverkehr vorbeikommt und diese überquert.

Kurz vor Jandelsbrunn machen wir einen Abstecher (500 m) und besuchen das Motorrad- und Puppenmuseum 1 in Linden. Hier hat ein Liebhaber 100 fahrtüchtige Motorräder gesammelt, in der jedes einzelne Gefährt eine Geschichte hat (Führung nach Vereinbarung).

Nach dieser willkommenen Abwechslung fahren wir parallel zur Hauptstraße und erfreuen uns an der bezaubernden Landschaft, die nicht nur im Sommer Touristen anzieht. Im Winter nutzen viele Langläufer diesen Radweg oder die Jandelsbrunner Loipe, um ihren Sport zu betreiben. Wir kommen zum ehemaligen Bahnhof Jandelsbrunn, an dem uns die Beschilderung informiert, dass wir hier den Adalbert-Stifter-Radweg verlassen und

Eindrucksvolle Sicht auf Jandelsbrunn

weiter den Donau-Moldau-Radweg benutzen müssen. Dieser führt uns vom alten Bahnhofsgebäude über die Bahnhofstraße leicht bergauf ins Zentrum. In der Ortsmitte halten wir uns an der Hauptstraße rechts, um dann gleich wieder links die Wollabergerstraße bergab zu rollen. In der Senke angekommen, fahren wir unter der Brücke hindurch und erblicken auf einem Berg die eindrucksvolle Kirche St. Ägidius in Wollaberg. Sie thront mächtig am Wollaberg und ist der Blickfang aus allen Himmelsrichtungen. Wir biegen nach der Brücke links ab und fahren mit leichtem Gang einen 1 km langen Anstieg nach Aßberg hinauf. Oben angekommen, legen wir erst einmal eine kleine Verschnaufpause ein und sind beeindruckt von dem Panorama des Dreiländerecks. Hier grenzen Bayern, Böhmen und das österreichische Mühlviertel aneinander. Wir fahren in das kleine Dorf, zweigen links ab und stoßen auf eine Hauptstraße, an der uns ein Schild auf das Kaf-

Kurze Pause mit der Familie

feekannen-Museum 2 in Rosenberg (ca. 2 km entfernt) aufmerksam macht. Wir bleiben auf unserer Route, biegen am Bushäuschen links ab und fahren an der nächsten Abzweigung der Beschilderung folgend halbrechts Richtung Neuweid. Die Kilometerangaben auf den Schildern zeigen uns, dass wir mit der Ortschaft „Sonnen 5,8 km" bald die Hälfte der Tour erreicht haben. Auf dieser kleinen Nebenstraße erholen wir uns erst einmal in der Ebene. Nach ca. 2 km zweigt der Donau-Moldau-Radweg links ab, wir fahren rechts und bewältigen den nächsten knackigen Anstieg. Dieser führt uns von Bognerwies zum Waldrand und weiter in ein kleines Wäldchen. Die letzten Meter fahren wir durch ein Spalier von Buchen hindurch, um an der obersten Anhöhe neben einer aufgestellten Bank einen wunderschönen Blick ins Tal zu genießen. Wir lassen unser Bike in die Ortschaft Sonnen rollen und sind schon gespannt auf die Highlights in dieser kleinen Gemeinde. Zuerst machen wir eine kurze Trinkpause an der Trinkwasserstation am Dorfbrunnen. Von dort fahren wir zu den Hochmooren „Wilde Aue" 3, bei diesen handelt es sich um die letzten, unberührten Hochmoore südlich des Arbers. Sie sind Zuflucht

Auf dem Sonnensystem-Wanderweg

vieler seltener Pflanzen und ein wahres Naturidyll. Von dort geht es zurück zur Schulstraße, wo wir das Sonnenmodell 4 am Rathaus besichtigen. Dort startet der 6,8 km lange Sonnensystemwanderweg, an dem man die ganzen Planeten an einzelnen Stationen entdecken kann. Alle Plantenmodelle und Abstände zueinander sind im Maßstab 1:1 Milliarde dargestellt, so dass wir hier gleich ein Gefühl von der unwahrscheinlichen Dimension unseres Sonnensystems bekommen. Wir fahren auf die Hauptstraße und sind gleichzeitig auf dem Granit-Radweg und

Das Abteiland mit dem Radknotenpunkt Sonnen

dem Sonnensystem-Wanderweg. Diese Wege führen uns bergab und weiter auf dem rechtsseitigen Radweg bis Haselberg. Wir halten uns halbrechts und folgen der Beschilderung zum Flugplatz Oberneureuth (5). Von dort kann man auf einem Wanderweg bis zum Pluto marschieren und vom 27 m hohen Aussichtsturm „Oberfrauenwald“ (6) hinabschauen. Ein einzigartiger Ausblick ins Passauer Land und das Mühlviertel ist uns dort vergönnt. Wir wandern zurück, schwingen uns auf unsere Räder und biegen an der Hauptstraße nach 100 m rechts Richtung „Hinterau“ ab. Hier erwartet uns eine super Abfahrt, die uns bergab auf einem etwas holprigen Straßenbelag durch einen mystischen Wald nach Hinterau führt. In gleichmäßigem Rhythmus fahren wir weiter ins benachbarte Mitterau. Wir biegen an der Hauptstraße links ab und rollen am Fuße des Oberfrauenbergs (945 m) rechts die nächste Hauptstraße nach Heindlschlag. Hier müssen wir aufpassen, da wir uns direkt an der nächsten scharfen Rechtskurve links halten müssen. Dort geht es die Lenzmühlstraße entlang, die uns nach 400 m steil bergab in eine Senke hinunterführt. Unten angekommen biegen wir in Lenzmühle rechts ab und mobilisieren noch einmal alle Kräfte, um den letzten finalen Anstieg zu meistern. Die kleine Straße schlängelt sich ca. 1 km bergauf nach Grund. An der Gabelung biegen wir links ab und genießen die abschließende Abfahrt zum Erlauzwieseler Stausee (7). An diesem idyllischen Stausee freuen wir uns über das tolle Ambiente des Kurparks, in dem man wirklich die Seele baumeln lassen kann. Neben dem Kurpark mit Pavillon und Seebühne gibt es in diesem Freizeit-Areal auch eine Kneipp-Anlage, einen Bewegungsparcours und viele bunte Blumenwiesen. Bevor wir weiterfahren, machen wir erst einmal im „Restaurant am See“, in dem viele Radfahrer einkehren, eine längere Mittagspause.

Schaukel am Erlauzwieseler-See

Nachdem wir uns gestärkt haben, radeln wir auf dem Auen-Radweg südlich des Kurparks weiter, kommen auf einen wunderschönen Forstweg (Grüß-Gott-Weg), der uns immer am idyllischen Saußbach entlang leitet. Wir überqueren die Straße an der Reutmühle und rollen langsam auf dem schmalen Weg in Schrittgeschwindigkeit (da auch Wanderer unterwegs sind) weiter bis Fischerhäusl. Dort biegen wir rechts ab und fahren zum Parkplatz an der Saußbachklamm. Hier lohnt es sich auf jeden Fall, das Fahrrad stehen zu lassen und eine kleine Wanderung entlang der wildromantischen Saußbachklamm (8) zu unternehmen.

Nach diesem lohnenswerten Abstecher in eines der schönsten Naturschutzgebiete des Bayerischen Waldes fahren wir noch einen malerischen Weg nach Waldkirchen. Dieser romantische Weg bringt uns entlang eines Kanals zur historischen Ringmauer nach Waldkirchen. Hier trinken wir zum krönenden Abschluss auf dem Historischen Marktplatz in Waldkirchen in einem der einladenden Straßen-Cafés noch einen Cappuccino. Wer noch etwas länger bleibt, sollte auf jeden Fall das Museum „Goldener Steig“ (9), das Schnapsmuseum (10) und den Karoli-Badepark (11) besuchen.

Grenzenlose Wildnis
auf der Drei-Länder-Radtour

Mit dem Bike rund um das Dreisesselmassiv

TOUR 19

Rad-/Wander-/Loipenzentrum Haidmühle
Navi: Dreisesselstraße, 94145 Haidmühle

Haidmühle – Nove-Udoli – Schwarzenberger Schwemmkanal – Rosenauer Gedenkstein – Scheidbachl-Schleuse – Jelení vrchy – Roßbach Äquadukt – Plöckenstein – Teufelsschüssel – Frauenberg – Haidmühle

30,0 km Schotter, 16,2 km Asphalt

Auf der Drei-Länder-Radtour gibt es verschiedene Markierungen. Sie fahren am Anfang die Nr.1023 am Schwarzenberger Schwemmkanal entlang und weiter bis zur österreichischen Grenze auf der Nr. 1026. Hier orientieren Sie sich an der Radweg-Beschilderung Nr. 804. Auf deutscher Seite geht es weiter entlang der grün-weißen Beschilderung Richtung Frauenberg und Haidmühle. Empfehlenswert ist eine Karte oder ein GPS-Track.

Es erwartet Sie eine anspruchsvolle Tour mit außergewöhnlichen Aussichtspunkten und einer atemberaubenden Bilderbuchlandschaft.

Gaststätte Dreisesselalm, Frauenberg 39, Haidmühle

Zweirad Denk, Dreisesselstr. 39a,
94089 Neureichenau
Schlosserei-Spenglerei Nebl,
Dreisesselstr. 128, 94145 Haidmühle

Haidmühle, Dreisesselstr. 12,
94145 Haidmühle, Tel. 08556/9726320

Personalausweis oder Reisepass nicht vergessen. Sie sollten auf jeden Fall volle Trinkflaschen und eine kleine Brotzeit mitnehmen.

schwer | 46,2 km | 730 Hm | 5:00 Std.

Umrahmt von Haidel (1.167 m) und dem Dreisesselmassiv (1.333 m) starten wir unsere heutige Tour im beschaulichen Grenzort Haidmühle.

Direkt am Parkplatz des Rad-/Wander- und Loipenzentrums in Haidmühle radeln wir gemütlich los. Die ersten Meter führen uns über die Dreisesselstraße, Max-Pangerl-Straße und die Neuthaler Straße aus dem Ort hinaus. Wir wollen es bewusst am Anfang etwas lockerer angehen, da uns heute eine anspruchsvollere Strecke mit einigen Höhenmetern erwartet. Schon jetzt genießen wir das eindrucksvolle Panorama mit seinen saftigen, grünen Wiesenhängen und der wohltuenden Ruhe. Die Landstraße führt uns direkt zum Grenzübergang Nové Údolí (Neuthal). Die Kalte Moldau bildet zwischen Deutschland und Tschechien eine natürliche Grenze und begleitet uns kurz, da sie nach der Landesgrenze Richtung Stozek (Tusset) weiter zum Moldaustausee fließt.

Wir überschreiten die Grenze (einen Ausweis sollte man immer mit sich führen) und entdecken alte Eisenbahnwaggons, die einen Hauch von Eisenbahn-Nostalgie versprühen. 500 m nach dem Übergang erreichen wir einen Radknotenpunkt, an dem unsere Route mit Kilometerangaben be-

Brotzeit am Bistro einer nostalgischen Eisenbahn

Unterwegs im Nationalpark Šumava

Die Kalte Moldau

Aussichtspunkt Klausgupf

Die tschechische Eisenbahn für Wanderer und Radfahrer

Kurze Tourenplanung

schildert ist. Sie verläuft auf der Nr. 1023 und führt uns rechts entlang des Schwarzenberger Schwemmkanals. Sofort geht es bergauf mitten hinein in die Wildnis des Nationalparks Šumava. Von unserer Talsenke beginnt bis zum Rosenauer Denkmal ein knapp 3 km langer Anstieg. Das Sträßchen schraubt sich mit ca. 4-5% Steigung gleichmäßig nach oben, deswegen lässt es sich sehr gut befahren. Wir rollen zum Rosenauer Denkmal ①, das ca. 300 m von der Hauptroute entfernt ist und an dem der Ursprung des Schwarzenberger Schwemmkanals liegt. Die Inschrift in dem Granitstein erinnert an Josef Rosenauer, den Erbauer des Schwarzenberger Schwemmkanals. Wir fahren danach zu unserer Hauptroute zurück, von wo es parallel zum Kanal bis zur Routenabzweigung Raškov (860 m) fast 20 km steigungsfrei verläuft. Wir bleiben auf unserer Route 1023, die uns bis zum Rastplatz „Vruzku" leitet. An diesem Rastplatz kann man einen Abstecher (Nr. 1029) zum Plöckensteinsee (ca. 8 km, davon die letzten 4 km steil bergauf) unternehmen. Danach rollen wir weiter auf der Nr. 1023 an plätschernden Bächen vorbei. Am Markierungspunkt Stocký-Potok (922 m) halten wir uns links, fahren über den Bach und rollen gemütlich den Kanal entlang. Wir biken vorbei an der Scheidbachl-Schleuse und kommen nach 10 km auf flachem Terrain zum Rastplatz „Hucina potok".

Von dort ist es nicht mehr weit zum Oberen Portal des 400 m langen Hirschbergentunnels ②. Dieser Abstecher lohnt sich, denn der Tunnel ist die touristische Hauptattraktion des Schwarzenberger Schwemmkanals. Ein lichtdurchfluteter Rastplatz lädt alle Radfahrer zu einem kleinen Picknick

Am Schwarzenberger Schwemmkanal

ein. Auch einen Abstecher zum Plöckensteinsee kann man von diesem Standort unternehmen. Wir fahren weiter und kommen von einem Schotterweg auf einen asphaltierten Belag, der uns zum Unteren Portal des Tunnels bringt. Dort lichtet sich der Wald und dieser Tunnelbereich liegt nicht im unmittelbaren Sichtbereich, sondern etwas verborgen abseits der Route. Die Steingravur über dem Unteren Portal weist auf das Fertigstellungsdatum hin: „Im Jahre 1823". Nachdem wir uns dieses bauliche Meisterwerk angeschaut haben, geht es zurück auf die Strecke, die uns in einer steilen Gefällstrecke sowie einer Weggabelung hinunter nach Jelení vrchy bringt.

Nachdem wir in dieser idyllischen Ortschaft angekommen sind, schauen wir uns die sehenswerte Dauerausstellung 3 zum Schwarzenberger Schwemmkanal an. Das topographische Modell des historischen Bauwerks ist beeindruckend. Es ist unglaublich, wie man damals (1789) mit einfachen technischen Mitteln einen künstlichen Holztrift konstruierte. Man überwand die kontinentale Wasserscheide „zwischen Donau, Moldau/Elbe".

Nach einer ausgiebigen Brotzeit und mit aufgefüllten Radflaschen schwingen wir uns wieder auf unseren Drahtesel und fahren weiter. Wer mit offenen Augen unterwegs ist, lässt die vielen Sehenswürdigkeiten, Naturschauspiele und die Informationstafeln des Nationalparks Šumava nicht zu kurz kommen. Es geht weiter am Kanal entlang, wo wir noch einmal kurz vor der Rosenauer Kapelle (884 m) 4 einen traumhaften Ausblick Richtung Nová Pec und Moldau haben. Kurz darauf erreichen wir die Kapelle, die an der Seebach-Schleuse liegt und als Verbindung vom Plöckensteiner See zum Kanal als Wasserzufuhr dient. Wir bleiben auf diesem Weg und kommen zum Äquadukt am Rossbach (ein Bauwerk, das ursprünglich dem Transport von Wasser diente). Hier verabschieden wir uns vom Schwarzenberger Schwemmkanal und fahren rechts auf einer Schotterstraße weiter Richtung Grenzübergang. Zuvor entdecken wir jedoch eine kleine Holzhütte, den Imbiss „Hirschröhren", der in den Sommermonaten für alle Wanderer und Radfahrer der

Kurze Pause am Dreisessel

ideale Treffpunkt mit internationalem Flair ist. Nach einer kurzen Kaffeepause fahren wir weiter auf der Beschilderung Nr. 1026. Jetzt müssen wir uns auf den anstrengendsten Teil der Tour einstellen. Nun ist es schlagartig vorbei mit dem steigungsfreien Streckencharakter. Es beginnt der schwierigere Abschnitt der gesamten Tour, mit kontinuierlichen Anstiegen die nächsten 6 km. Der erste knackige Anstieg erfolgt mit 200 Hm. Hier sind gleichmäßiges Treten und gute Kondition gefragt. Diese Trasse bringt uns durch ein wunderschönes Waldmeer bis zum Grenzübergang Tschechien-Österreich. Dort legen wir nach diesem ersten schweißtreibenden Aufstieg eine kurze Pause ein. Gelegenheit, sich vor dem letzten finalen Anstieg zu stärken und Flüssigkeit aufzunehmen. Wir orientieren uns am österreichischen Radweg Nr. 804, der uns die nächsten 2,5 km und 200 Hm am Fuße des Plöckenstein entlangführt. Trotz der steilen Passage kommen wir immer wieder an kleinen Aussichtspunkten vorbei, an denen wir die Aussicht in das wunderschöne Mühlviertel genießen. Am Scheitelpunkt angekommen (1.237 m) können wir wirklich stolz auf uns sein, da die letzten Kilometer ziemlich anstrengend waren. Jetzt geht es flott bergab (bitte vorsichtig, da es auf einer Schotterstraße serpentinenartig hinab geht), immer der Beschilderung folgend über die Teufelsschüssel bis zum Grenzübergang Gegenbach. Dort fahren wir über den Bach und weiter eine Forststraße 1,5 km leicht bergauf, der deutschen Beschilderung folgend. Nachdem die letzte Steigung bezwungen ist, folgt eine kurvige Schotterabfahrt über Klausgupf (929 m). Wer noch viel Kondition hat und noch ein paar Höhenmeter zurücklegen möchte, kann ab hier noch auf den Dreisesselberg (1.333 m) fahren (Wanderbeschilderung bis zum Gipfel ist sehr gut). Wir bleiben aber auf unserer Route und fahren weiter über den Henseler Brunnen die Ewigkeitsstraße entlang nach Frauenberg. Dort kommen wir zur Staatsstraße 2130 (Waldkirchen-Haidmühle), an der uns nach 150 m rechts ein kleiner Waldweg zum Adalbert-Stifter-Radweg führt. Die letzten 4 km geht es durch eine sanft abschüssige bewaldete „Auslaufstrecke". Nun rollen wir dem Zielort Haidmühle ohne größere Kraftanstrengung entgegen. Kurz vor unserem Zielort erwartet uns noch ein echter Gesundheitsknüller. Die Kneippanlage Jogl (5) sorgt nicht nur für abwechslungsreiches Vergnügen, sondern ist für unsere Muskulatur eine wahre Wohltat.

Nach dem Wellness-Genuss macht die gemütliche Weiterfahrt richtig Spaß. Am Zielort angekommen, steht einem erfrischenden Bad im romantisch gelegenen Moorwasser-Naturbadesee am Kreuzbach mit Blick zum Dreisesselgipfel nichts mehr im Wege.

FAHRT MIT BAHN & BUS

Touristische Igelbuslinie ab Mai 2022 Waldkirchen-Haidmühle mit großem Fahrradanhänger, d.h. auch problemloser Transport von E-Bikes; von Passau nach Waldkirchen führt die touristische Ilztalbahn von Mai bis Mitte Oktober Samstag und Sonntag. Dort können auch alle Räder problemlos mitgenommen werden, außer bei Fahrten mit dem historischen Schienenbus.

Auf König Max' Spuren am Donau-Perlen-Radrundweg

Traumtour durch das wildromantische Aubachtal

TOUR 20

Luftkurort Kellberg, Parkplatz Kurgästehaus
Navi: Eggersdorfer Straße, 94136 Kellberg

Kellberg – Schmölz – Aubachmühle – Schaibing – Rothenkreuz – Rackling – Hammermühle – Obernzell – Erlau – Kernmühle – Kellberg

25,0 km Asphalt, 6,6 km Waldwege

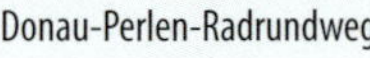

Donau-Perlen-Radrundweg

Diese Radtour ist ein besonderes Erlebnis. Das idyllische Erlautal, das malerische Aubachtal sowie das Naturschutzgebiet Donauleiten sind nicht nur für Naturliebhaber ein Highlight. Das leicht wellige Streckenprofil (allerdings zwei knackige Anstiege) ist aber trotzdem von jedem Radfahrer zu schaffen.

Gasthof Kernmühle, Abzw. Donau/ Kellberg
Gasthof Zum Kirchenwirt, Kellberg
Radsport Kasberger, Rackling
Haus am Strom, Jochenstein (ca. 6 km von Obernzell entfernt, an der Umweltstation)

Radsport Kasberger, Dorfstr. 9,
94130 Obernzell/Rackling, Tel. 08591/1258
Radsport Müller, Örtl 14, 94130 Obernzell
Tel. 08591/2890

Kellberg, St.-Blasius-Str. 10,
94136 Thyrnau/Kellberg
Tel. 08501/320
Obernzell, Marktplatz 42,
94130 Obernzell
Tel. 08591/9116119

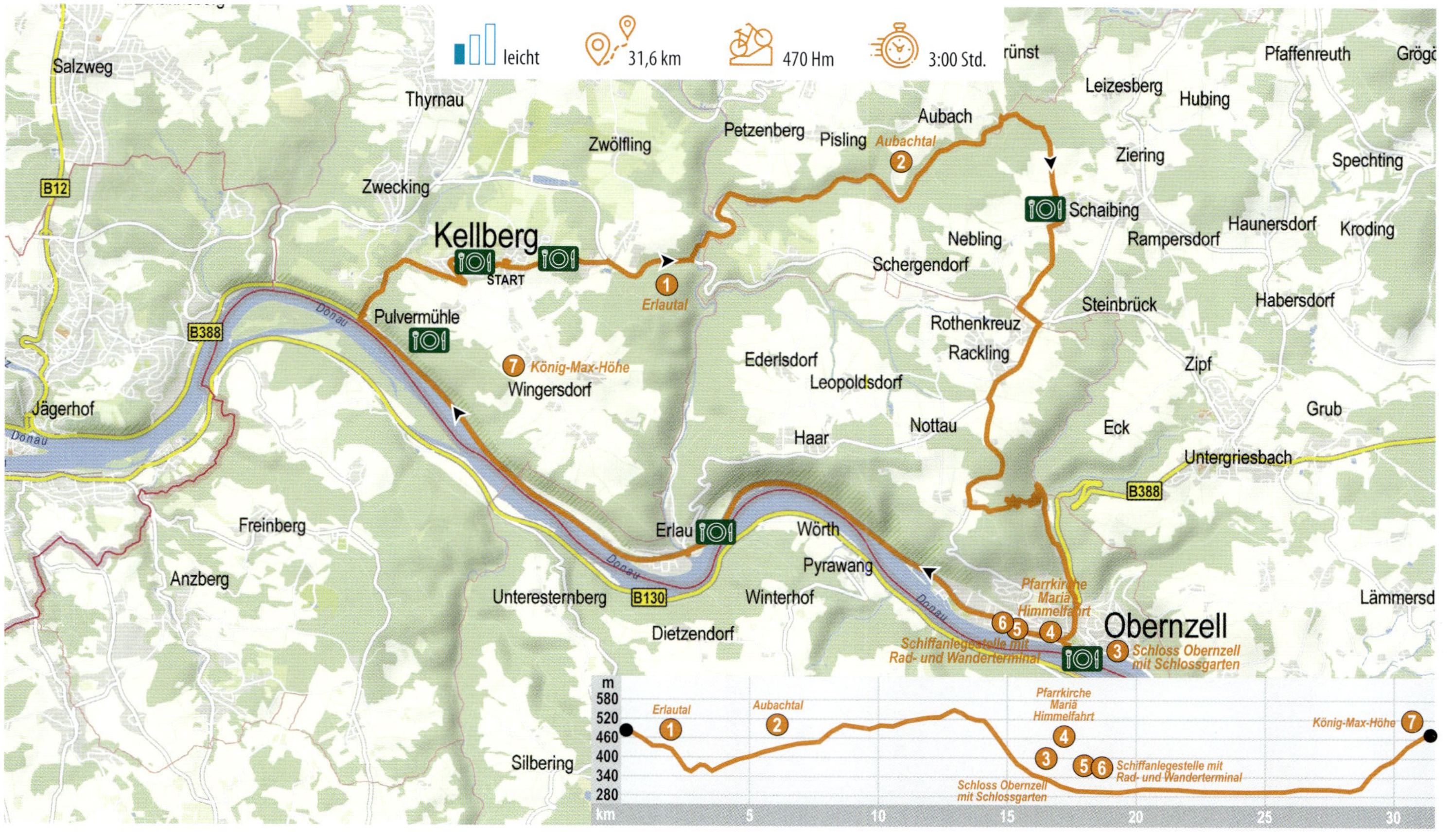

leicht
31,6 km
470 Hm
3:00 Std.
Salzweg
Thyrnau
Zwecking
Zwölfling
Petzenberg
Pisling
Aubachtal
Aubach
Leizesberg
Hubing
Pfaffenreuth
Ziering
Spechting
Schaibing
Haunersdorf
Kroding
Rampersdorf
Nebling
Schergendorf
Kellberg
START
Erlautal
Pulvermühle
Steinbrück
Habersdorf
Rothenkreuz
Rackling
König-Max-Höhe
Wingersdorf
Ederlsdorf
Leopoldsdorf
Zipf
Grub
Jägerhof
Donau
Nottau
Haar
Eck
Untergriesbach
B12
B388
B130
Freinberg
Anzberg
Erlau
Wörth
Pyrawang
Unteresternberg
Winterhof
Dietzendorf
Pfarrkirche Mariä Himmelfahrt
Obernzell
Schiffanlegestelle mit Rad- und Wanderterminal
Schloss Obernzell mit Schlossgarten
Lämmersd
Silbering
m
580
520
460
400
340
280
km
5
10
15
20
25
30

Donau-Perlen-Radweg

Der plätschernde Aubach

Radlbrücke im Aubachtal

Traumhafte Radlregion Thyrnau-Kellberg

Der malerische Luftkurort Kellberg, auf dem Höhenzug des Donausteigs gelegen, ist der Ausgangspunkt unserer Tour. Dort starten wir am Parkplatz des Kurgästehauses, direkt am Bikepark. Am Anfang lassen wir es etwas ruhiger angehen und fahren erst einmal gemütlich die Eggersdorfer Straße hinauf in die Ortsmitte. Dort biegen wir links ab und kommen zum Ortsausgang, an dem uns eine wunderbare Aussicht auf das eindrucksvolle Passauer Land erwartet. Eine rasante Abfahrt führt uns vorbei an der Klinik Prof. Schedel bis zur Verbindungsstraße Thyrnau – Untergriesbach. An der Kreuzung biegen wir rechts ab und rollen ins wildromantische Erlautal 1, das wir aber nach dieser rasanten Abfahrt an der nächsten Abzweigung wieder verlassen. Wir folgen der Beschilderung, Richtung Papiermühle/Schmölz, radeln an dem lieblichen Fluss Erlau entlang und kommen zum ehemaligen Bahnhof Schaibing. Dort erfahren wir am früheren Waldgasthof Schaibing an großen, übersichtlichen Schautafeln, dass hier (bis Mitte der 60er Jahre) eine Schmalspurbahn vom Bahnhof Schaibing bis zum Graphit-Bergwerk Kropfmühl fuhr. Eindrucksvolle Bilder bestätigen den Bau der Bahn und die enorme Leistung der damaligen Eisenbahnpioniere. Weiter geht es den Fluss entlang zum Weiler Schmölz. Diesen durchqueren wir bergauf und biegen am Ende der Ortschaft rechts ab. An einem Pfahl mit vielen Beschilderungen orientieren wir uns und halten uns an das weiße Schild mit grünem Radfahrer. An einem weiteren Beschilderungspfosten erfahren wir, dass wir jetzt auch auf dem „Bachwanderweg" Nr. 2 sind. Leicht ansteigend geht es auf einem Schotterweg durch ein kleines Waldstück immer neben dem Aubach entlang. Wir kommen zu einer Brücke, an der wir den Bach überqueren (die ganz Mutigen können links durch das seichte Flussbett fahren) und weiter durch das idyllische Aubachtal 2 fahren. Jetzt ist mir klar, dass sich in diesem eindrucksvollen Gebiet viele Tiere wohl fühlen und hier ihre Heimat finden.

Nicht umsonst hat König Maximilian II. 1852 bei einem Besuch in dieser Gegend „rund um Kellberg" die landschaftliche Schönheit hervorgehoben und sagte: „Ich wusste nicht, dass mein Bayernland so schön ist."

Auf diesem einsamen Weg radeln wir entgegen der Fließrichtung des Aubachs weiter und stoßen auf den Weiler Aubachmühle. Dort rollen wir an diesem idyllischen Hof vorbei und kommen nach weiteren 1,3 km auf eine Asphaltstraße. Für uns heißt es, die nächsten 500 m einen kleinen Gang aufzulegen und locker kraftsparend nach oben zu treten. Denn die Radwegebeschilderung führt uns rechts über eine Brücke und weiter eine schmale Straße steil bergauf durch ein Spalier von Bäumen. An der Kuppe angekommen bleiben wir auf der Straße, fahren durch die bewaldete Höhenlage und rollen hinab in die kleine Ortschaft Schaibing. Dort halten wir uns an die Dorfstraße und unsere Beschilderung, die uns rechts durch das Dorf bis zum Ortsende leitet. Eine weitere Radbeschilderung mit Kilometerangaben weist uns den weiteren Weg nach Obernzell über 8,7 km. Ab hier fahren wir bis Obernzell (Donau) fast nur über kleinere Teerstraßen. Die ersten Meter führen uns über eine Abfahrt hinunter, bei der wir die Geschwindigkeit mitnehmen, um am Gegenhang gleich wieder hinaufzufahren. Am Ende des Anstieges kommen wir auf die Staatstraße 2319 und in das verzweigte kleine Örtchen Rothenkreuz. An der Bushaltestelle fahren wir links weiter, um gleich wieder rechts in die Dorfstraße von Rackling abzubiegen. Wir durchqueren die beschauliche Ortschaft und kommen beim Radsport Kasberger vorbei. Hier hätte man die Möglichkeit, sein E-Bike aufzuladen oder kleinere Reparaturen durchführen zu lassen. Unser Donau-Perlen- Radrundweg stößt bei der Weiterfahrt auf die Kreisstraße, die uns rechts entlangführt und nach weiteren 200 Metern links Richtung Obernzell leitet. Nun müssen wir unsere Kräfte bei dem abschließenden Anstieg noch einmal richtig mobilisieren. Es geht einen lang gezogenen Hang hinauf nach Ödstadl und weiter die Landstraße bergab nach Niedernhof. Hier müssen wir extrem aufpassen, da es scharf links über einen steileren Feldweg ca. 2 km auf Serpentinen ins Tal hinab geht. An der Hammermühlstraße angekommen, biegen wir rechts ab und rollen weiter leicht bergab entlang des Eckerbachs über Hammermühle nach Obernzell. Im Donautal fahren wir zuerst zum Schlossgarten und legen eine kleine Verschnaufpause ein. Nach einer Stärkung in einem der vielen Gasthäuser besuchen wir noch das Schloss Obernzell 3, ein denkmalgeschütztes, ehemals fürstbischöfliches Wasserschloss, und den Marktplatz mit seiner sehenswerten, barocken Pfarrkirche Mariä Himmelfahrt 4.

Vorbei an der Schiffsanlegestation 5 und dem Rad- und Wanderterminal 6 geht es auf dem Donau-Radweg über die Passauer Straße stadtauswärts Richtung Passau. Dort sehen wir am Ende der Ortschaft den zweitgrößten Fluss Europas, die Donau, in seiner vollen Pracht vor uns. Die nächsten Kilometer strampeln wir gemütlich an der Donau entlang über Erlau bis Kernmühle. Dort müssen wir noch einmal aufpassen, da wir die stark befahrene Straße am Donauufer überqueren und die letzten drei Kilometer auf einer kleinen asphaltierten Nebenstraße, entlang des Hörreuther Bachs, 150 Höhenmeter überwinden müssen. In Kellberg angekommen, haben wir noch die Möglichkeit, einen kleinen Abstecher zur König-Max-Höhe 7 bei Kellberg-Wingersdorf (1 km von der Ortsmitte entfernt) zu unternehmen.

Durch Streuobstwiesen im Lallinger Winkel

Traumhafte Rundtour entlang der Obstschüssel des Bayerischen Waldes

TOUR 21

Lalling, Tourist-Info
Parkplatz an der Tourist-Information
Navi: Hauptstraße 10, 94551 Lalling

Lalling – Zueding – Rohrstetten – Padling – Hunding – Kieflitz – Euschertsfurth – Furthmühle – Gottsmannsdorf – Kaußing – Watzing – Wainding – Ensbachmühle – Urding – Stritzling – Kapfing – Dösing – Durchfurth – Ranzing – Panholling – Lalling

17,5 km Asphalt,
3,5 km Waldwege

Die Strecke führt zum Teil auf einer regionalen Radwegebeschilderung und auf dem Trans-Bayerwald-Trail. Ansonsten muss man sich an den Ortsnamen oder an den Wandertafeln orientieren.

Sehr schön ausgewählte Tour auf vielen kleinen Nebenstraßen, fahrbaren Feldwegen und entlang wunderschöner Streuobstwiesen. Ideal geeignet als kleine Feierabend- oder Nachmittagsrunde mit anschließender Einkehr.

Fahrrad Knapp, Mimminger Str. 18, Hengersberg, Tel. 09901/2292
Fahrrad Binder, Buch 38, Hengersberg Tel. 0170/1783569

Lalling, Hauptstraße 10, Tel. 09904/374

leicht | 21,0 km | 320 Hm | 2:30 Std.

Traumtour im Lallinger Winkel

Wir parken an der neuen Tourist-Information direkt in der Ortsmitte von Lalling. Die ersten Meter führen uns die Hauptstraße entlang in östlicher Richtung nach Zueding. Vor der Dorfeinfahrt geht es durch ein eindrucksvolles Spalier aus Obstbäumen, die uns auf der gesamten Tour immer wieder begegnen werden. Nicht umsonst wird der Lallinger Winkel durch sein günstiges Klima und seine hervorragende Lage als die „Obstschüssel des Bayerischen Waldes“ bezeichnet.

Die Teerstraße führt uns aus Zueding heraus, wir überqueren den dahinfließenden Zuedinger Bach und fahren im ruhigen Rhythmus eine kleine Bergstraße hinauf nach Rohrstetten. Dort bleiben wir auf dieser Vorfahrtsstraße, kommen an der „Griabigen Pizzastubn“ vorbei und fahren links aus der Ortschaft hinaus. Hier lassen wir es bergab mit rasanter Geschwindigkeit Richtung Bundesstraße rollen. Nun geht es unter der B533 hindurch und weiter die Hundinger Straße entlang bis nach Padling. Wir halten uns rechts und kommen zum Goldgräberdorf Hunding. Ein idyllischer Ort, der in diesem wunderschönen Tal eingebettet ist zwischen dem Kleinen Rachelberg und dem Steinberg. Wir biegen wiederum rechts ab, der Beschilderung folgend, auf die Kieflitzer Straße. An diesem Nordhang wartet ein recht steiler Anstieg auf uns, den wir vorbei an wunderschönen, saftigen Wiesen mit einem leichten Gang hervorragend meistern. Mit viel Spaß freuen wir uns auf die bevorstehende Abfahrt, die uns im Auslauf leicht bergauf an einer großen Pferdekoppel vorbei zur Bundesstraße bringt. Diese überqueren wir, fahren mit unserem Drahtesel links neben der Bundesstraße entlang und biegen nach ca. 500 m rechts nach Euschertsfurth ab. Die kleine Straße führt uns in die Ortsmitte, wo wir etwas Außergewöhnliches sehen: Das unter Naturschutz stehende „Naturdenkmal Linde“ ❶. Sie ist eine der ältesten und mächtigsten Linden Europas, deren gewaltiger Stamm- und Kronenumfang auf ein Alter von vermutlich 750 Jahren hindeutet. Ihr gegenüber gibt es das Wirtshaus zur Linde ❷, den ältesten Gasthof des Landkreises Deggendorf. Wir bleiben auf dieser Straße und biegen nach ca. zwei Kilometern rechts ab nach Gottsmannsdorf, dort geht es an gepflegten kleinen Häusern weiter halblinks den Kaußinger Mühlweg entlang. Wir rollen wunderbar auf der Trans-Bayerwald-Beschilderung an vielen Feldern hinab ins Tal. Die Straße geht in einen grob geschotterten Wander-

Ortseingang am Goldgräberdorf Hunding

weg über, den wir vorsichtig weiterfahren, um dann auf einen ehemaligen Steinbruch zu stoßen. Dort führt uns der Weg an Ruinen vorbei bis zum Weiher, wo wir eine kurze Pause einlegen und die Ruhe auf einem Bankerl genießen können. Wir überqueren die Hengersberger Ohe über eine Holzbrücke und fahren auf einem kleinen Forstweg an der Kaußinger Mühle vorbei. In dieser Mühle ließen früher die Bauern der Umgebung ihr Getreide mahlen. 1953 wurde auf der gegenüberliegenden Bachseite ein Steinbruch erschlossen, auf dem über 100 Arbeiter in diesem „Zentrum der Granitgewinnung" Pflaster und Grenzsteine produzierten.

Unsere Tour führt uns an dem idyllischen Bachtal entlang, vorbei am dahinplätschernden Fluss und weiter auf einem einsamen, befestigten Schotterweg. Dieser führt uns bergauf durch den angrenzenden Wald zu einer Lichtung, an der wir das vor uns liegende Feld bis zur Einmündung der Kreisstraße überqueren. Dort angekommen, verabschieden wir uns von der MTB-Beschilderung und biegen links ab, um in Watzing nach einem heftigen Anstieg eine weitere Pause einzulegen. Bei einer Trinkpause schweift unser Blick auf die vielen Baumkronen dieser eindrucksvollen Waldkulisse. „Natur pur" ist hier angesagt im südlichen Teil des Lallinger Winkels. Wir fahren zur nächsten Hauptstraße, in die wir an der Gabelung rechts einbiegen und auf der wir das kleine Dorf Wainding leicht bergauf umfahren. Die Teerstraße steigt immer noch ganz leicht an und führt uns zum Waldrand, wo wir genüsslich entlangfahren. Am Ende dieser Straße gelangen wir bei Ensbachmühle auf die Bundesstraße 533, hier biegen wir nach dem neuen Bushäuschen rechts ab. Eine lang gezogene drei Kilometer lange Steigung steht uns nun bevor. Es geht die alte Urdinger Landstraße bergauf (die alten Markierungszeichen deuten es an), die uns durch ein schattiges, mystisches Waldstück führt. In Urding angekommen, halten wir uns halbrechts und erreichen Stritzling, dort überqueren wir die Hauptstraße, erblicken links die Dorfkapelle und bleiben weiter auf der beschilderten Teerstraße. Jetzt kommt ein landschaftlicher Leckerbissen, der uns auf diesem nördlichen Bergrücken tolle Aussichtspunkte auf die vielen Obstwiesen im Lallinger Winkel beschert.

Zuerst geht es auf der Kapfinger Straße immer bergauf, die uns in den gleichnamigen Ort führt. Hier kann man links noch einen kleinen Abstecher (allerdings sehr steiler Anstieg) in die Dörfer Ensbach, Ginn oder Datting 3 machen, wo sehenswerte, alte denkmalgeschützte Bauernhäuser von außen anzuschauen sind. Nach diesem Abstecher fahren wir zurück und bleiben auf der „Lallinger Milchstraße", auf der fast kein Verkehr ist und man die Natur und den Fahrtwind auf sich wirken lassen kann. Jetzt genießen wir erst einmal die kleine Abfahrt nach Dösing. Der letzte nennenswerte Anstieg erfolgt wieder durch ein Spalier von vielen Obstbäumen nach Durchfurth. Von dort geht es hinab über Ranzing bis zur Regener Straße. Wir biegen rechts ab und machen noch einen Abstecher nach Panholling 4 zum „Königinnengarten". Hier hat jede der Lallinger Mostköniginnen zur Erinnerung an ihre Amtszeit einen Baum gepflanzt.

Ein weiterer Abstecher (ca. 2 km) führt zum Streuobsterlebnisgarten oberhalb von Panholling. Die Streuobstwiesen prägen seit vielen Jahrhunderten die bäuerliche Kulturlandschaft im Lallinger Winkel. Rund 60 verschiedene Obstarten entdecken Sie in diesem Erlebnisgarten, wo Sie an sieben Schautafeln über die Geschichte des Obstanbaus informiert werden. Die letzten Meter fahren wir genüsslich bergab nach Lalling, wo wir noch den Feng-Shui-Kurpark 5 und die Kneippanlage 6 besuchen.

Entlang des Perlbachs
ins Bernrieder Tal

Natur erleben vom Kloster Metten zum Hirschenstein

TOUR 22

Metten, Parkplatz an der Donau
Navi: Donaustraße, 94526 Metten

Metten – Frauenmühle – Egg – Edenstetten – Leithen – Medernberg – Innenstetten – Kohlpoint – Windsteig – Bernried – Penzenried – Aschenau – Kronwinkling – Hartham – Nassau – Pilling – Friedrichsried – Finsing – Metten

30,0 km Asphalt, 1,2 km Schotterweg

Regionale Beschilderungen – ansonsten bitte an den Ortstafeln orientieren, die sehr gut beschildert sind.

Eine abwechslungsreiche Tour, die vom Kloster Metten in hügeliger Landschaft am Fuße des Hirschenstein entlangführt. Den Bikern sind auf dieser Tour wunderschöne Aussichtspunkte zum Bogenberg, in den Gäuboden, ins Donautal sowie auf die Bayerwaldberge beschert.

Leider sind auf der Strecke momentan keine Ladestationen vorhanden.

Xsion, Mettener Str. 21, Metten, Tel. 0991/299261

Markt Metten, Krankenhausstr. 22, 94526 Metten, Tel. 0991/99805-0
Bernried, Engerlgasse 25a, 94505 Bernried,Tel. 09905/740024

leicht | 31,2 km | 330 Hm | 2:30 Std.

Das eindrucksvolle Schloss Egg

Der Start unserer heutigen Tour ist am Parkplatz der neu gestalteten Donaupromenade mit seinem Info-Pavillon. Die ersten Meter fahren wir über den Kreisverkehr Richtung Ortsmitte von Metten. Kurz vor den Sportplätzen überqueren wir die Straße, nehmen den kleinen idyllischen Radweg und rollen gemütlich auf dieser ehemaligen Bahntrasse entlang zum Rathaus. Hier halten wir uns kurz an den Sitzbänken auf und schauen uns auf der Übersichtstafel des Naturparks Bayerischer Wald den weiteren Wegeverlauf unserer Tour an. Von dort machen wir noch einen kleinen Abstecher in die Benediktinerabtei Metten ❶, die nur einen Katzensprung von unserer eigentlichen Route entfernt ist. Es geht die Bahnhofstraße entlang bis zur Gabelung, dort biegen wir rechts auf die Neuhauser Straße und stoßen am Ende auf den Marktplatz. An der Klosterpforte kann man sich anmelden. Vor allem das riesige Areal des spätbarocken Prälatengartens ❶ ist neben der Benediktinerabtei ein Ort, der zur Ruhe und Besinnung dient und uns schwer beeindruckt.

Nach diesem kurzen Exkurs schwingen wir uns wieder auf das Fahrrad, fahren rechts weiter und an der übernächsten Straße links auf den Dr.-Hayler-Weg, der uns wieder auf unseren Radweg bringt. Wir rollen an dieser ehemaligen Bahntrasse entlang und verlassen nach einer lang gezogenen Linkskurve kurz vor dem Wäldchen den Radweg. Es geht „Am Kraner" rechts bergab auf die Egger Straße.

Hier tauchen wir in einen schattigen, dicht bewachsenen Mischwald ein, in dem wir nach der Ortausfahrt langsam den ersten Anstieg hinauftreten. Die schmale Asphaltstraße schlängelt sich zur Frauenmühle weiter am Mettenbach entlang und durch den Oberen Klosterwald vorbei zu einer Lichtung. Hier fahren wir etwas langsamer und blicken auf die Höhenzüge des Vogelsang (1.022 m) und des Hirschenstein (1.095 m). Unsere Straße mündet direkt in der Ortsmitte von Egg, einem netten, beschaulichen Ort. Hier biegen wir links ab und entdecken auf der gegenüberliegenden Seite das eindrucksvolle Schloss Egg ❹. Es hat die älteste vollkommen erhaltene Burganlage des Bayerischen Waldes. Die imposante, mystische Burganlage mit ihrem Schlossmuseum ist ein beliebter Drehort für zahlreiche Filme (Bibi Blocksberg, Fünf Freunde, Bullyparade…) und kann in den Sommermonaten besichtigt werden.

Unsere Strecke führt uns weiter auf dieser Landstraße entlang des Perlbachs. Wir treten immer leicht bergauf nach Edenstetten, wechseln auf den Radweg und fahren ganz entspannt nach Leithen. Hier hätte man die Möglichkeit, einen Abstecher in den zwei Kilometer entfernten Wildpark Buchet ❺ zu machen, der das größte Hirschwild-Reservat im Naturpark Bayerischer Wald hat. Wir fahren zurück und genießen dieses Tal mit seiner urwüchsigen Landschaft und dem Blick auf den Knogl und den Hirschenstein. Wir folgen der Beschilderung, die uns auf einer Teerstraße zuerst bergab und im weiteren Streckenverlauf einen Anstieg hinauf nach Medernberg bringt. Nach kurzem Durchatmen geht es gleich wieder hinab nach Innenstetten. An der Kapelle biegen wir im spitzen Winkel rechts ab, überqueren am Ortsende die Straße zum Radweg und fahren hinab in dieses wunderschöne Tal. Wir kommen an den kleinen Weilern Kohlpoint und

Windsteig vorbei und lassen uns bis Bernried treiben. In dieser Gemeinde lohnt sich auf jeden Fall ein kleiner Aufenthalt mit einer längeren Brotzeit, denn neben der hiesigen Tourist-Information, die viele Informationen für Radfahrer bereithält, gibt es auch eine Reparatur- und Servicestation. Zusätzlich hat der Ort Gasthäuser mit Biergarten, ein Waldbad 6, eine frisch sanierte Kneippanlage und einen Museumsstadl 7.

Nach diesem Aufenthalt fahren wir gestärkt und mit neuen Eindrücken ca. 500 Meter auf der gleichen Strecke zurück. An der Weggabelung genießen wir den herrlichen Blick ins Bernrieder Tal und zweigen rechts ab Richtung Penzenried. Nun lassen wir es wieder bergab laufen und fahren durch die von Wiesen und Feldern geprägte Landschaft über Kleinböbrach nach Willersbach. Von dort geht es gleichmäßig bergauf nach Penzenried. Eine kurze schöne Abfahrt führt uns weiter zum Sportplatz kurz vor Haid, an dem wir links abzweigen und entlang des Flusses Schwarzach bis Aschenau fahren. In der Dorfmitte orientieren wir uns und fahren links auf den Linienweg, den wir weiter auf flachem Terrain nach Kronwinkling radeln. Unsere Tour führt uns auf dieser kurvenreichen Landstraße über die Weiler Hartham und Nassau nach Edenau. Ein letzter steilerer Anstieg geht sanft hinauf nach Pilling und weiter nach

Museumsstadl in Bernried

Friedrichsried, wo wir am Waldrand an einer idyllischen, kleinen Kapelle vorbeifahren. An der nächsten Weggabelung zweigen wir am Bushäuschen rechts ab und rollen auf einem neu geteerten Radweg nach Finsing. Es geht auf der Bernrieder Straße durch das beschauliche Finsing, hinüber in einen wunderbaren kleinen Wald, an dem wir uns bei der nächsten Abzweigung halblinks Richtung Metten halten. Ein traumhafter Blick auf Neuhausen und die angrenzenden Donauauen sind noch einmal ein schöner Abschluss dieser eindrucksvollen Tour. Die letzten drei Kilometer führen uns über die Finsinger Straße bis zum Kreisverkehr und den Radweg weiterführend hinab ins Donautal. Am Ende des Weges biegen wir rechts ab und nach dem Bauernhof wiederum links einem Feldweg folgend zum Donauufer. Dort überqueren wir die Hauptstraße, orientieren uns links am Donauradweg und genießen die letzten Meter, die uns zu unserem Zielort, dem Parkplatz am Donauufer, bringen.

BENEDIKTINERABTEI METTEN

Das Kloster Metten wurde etwa 766 gegründet. Die Benediktiner sorgten mit Hilfe von Bauernsöhnen für Rodung und Besiedlung in dieser Region. Ein weiterer Meilenstein war die Gründung einer Schule. Berühmt wurde das Kloster wegen der prächtigen Barockbibliothek aus den Jahren 1724 bis 1726. An die 200.000 Bücher sind darin zu finden. Heute betreibt das Kloster ein Gymnasium sowie verschiedene Handwerksbetriebe (z.B. Wäscherei, Buchbinderei, Elektrizitätswerk, Schreinerei, Schlosserei, Klostergärtnerei) und einen Verlag.

Gipfelkreuz-Tour in Sankt Englmar

Rund um Predigtstuhl, Pröller und Hirschenstein

TOUR 23

Parkplatz P1 Ahorn
Navi: Parkplatz Ahorn, 94379 Sankt Englmar
Kreuzung Viechtacher/Bogener Straße

Sankt Englmar – Staudenau – Meinstorfer Kapelle – Rettenbach – Kloster Kostenz – Rautenstock – Schuhfleck – Ödwies – Hirschenstein – Knogl – Predigtstuhl – Pröller – Prellerhaus – Sankt Englmar

25,2 km Schotterweg,
7 km Asphalt, 2,7 km Trails (nicht schwer)

Wanderweg Nr. 2, MTB-Tour 45,
Wanderweg Nr. 4, Wanderweg Nr. 3

Sehr abwechslungsreiche und spannende Tour, die Sie zu den schönsten Aussichtspunkten Sankt Englmars führt. Auf dieser Strecke entdecken Sie den Bayerischen Wald, wie er ursprünglicher und schöner kaum sein kann. Diese Tour ist hauptsächlich für E-Mountainbiker oder sportlichere Genuss-Fahrer geeignet.

Rodel- und Freizeitparadies Sankt Englmar
Kurpark Sankt Englmar
Café Greindl, Sankt Englmar
Wirtshaus Alte Mühle, Sankt Englmar
Restaurant Pension Sonnenhügel, Sankt Englmar
Berggasthof Hinterwies,
Hinterwies 3, 94379 Sankt Englmar
Hotel Gut Schmelmerhof, Rettenbach 24
Berggasthof Menauer, Grandsberg 6

Sport Hofmann, Rathausstr. 17,
94379 Sankt Englmar, Tel. 09965/252

Rathausstr. 6, 94379 Sankt Englmar,
Tel. 09965/840320

schwer | 34,9 km | 730 Hm | 3:00 Std.

Ein atemberaubendes Wolkenmeer

Wir starten am Wanderparkplatz P1/ Ahorn am Infopoint Ahornwies (Viechtacher Straße) mitten im Herzen der Urlaubsregion Sankt Englmar. Nachdem wir uns an den Übersichtstafeln kurz orientiert haben, geht es rechts auf dem Wanderweg Nr. 2 Richtung Süden bergab zur Bogener Straße. Dort fahren wir nach 50 m gleich wieder rechts in den Kapellenweg, wo es am Café Edelweiß (guter Kaffee, Kuchen und ein hervorragender Service) auf einer kleinen Asphaltstraße vorbeigeht. Wir radeln locker weiter, kommen am Fuße des Kapellenberges auf einen Forstweg und erblicken eine Tafel mit dem Hinweis auf die Leonhardikapelle. Diese kleine Kapelle mit der historischen Heilquelle, die auf halber Anhöhe des Kapellenberges steht, ist wirklich sehenswert und gleichzeitig das älteste Bauwerk (1480) des Ortes.

Wir rollen weiter leicht bergauf und gönnen uns einen kurzen Blick links auf Sankt Englmar, das wir nun schon aus der Vogelperspektive sehen. Die nächste Station auf unserer Tour, an der wir unbedingt kurz anhalten müssen, ist das Steinkreuz ❶. Es liegt rechts markant vor einer großen Wiese, hier genießen wir die tolle Aussicht auf den Gäuboden, die Kornkammer Bayerns. An dieser Stelle wird uns sehr schnell klar, dass uns im Bayerischen Wald eine Naturlandschaft zu Füßen liegt, die seinesgleichen sucht.

Weiter geht es links bergab Richtung Staudenau auf die Meinstorfer Straße. Ganz entspannt lassen wir den Fahrtwind an uns vorbeiziehen und farhren gemütlich auf dieser ruhigen Straße. Nach 800 m machen wir einen kleinen Abstecher ins „Klosterholz" im Ortsteil Großwiese, denn dort befindet sich eine sehenswerte kleine Kapelle, die „Weiße Marter" ❷. Sie ist auch eine Andachtsstätte für Wanderer und Radfahrer und lädt zu einer kleinen Andacht ein.

Nach einigen besinnlichen Minuten an diesem ruhigen Ort geht es weiter am Mühlberg entlang zur Meinstorfer Kapelle ❸, wo uns das nächste Fernblick-Highlight erwartet. Von der Kapelle hat man eine eindrucksvolle Sicht über die Donauebene, wo man bei schönem Wetter sogar bis in die Alpen blicken kann. Bei diesem Panorama und dieser Ruhe möchte man am liebsten länger bleiben, doch wir haben uns heute auf dieser Gipfelkreuz-Tour noch einiges vorgenommen und radeln weiter. Es geht auf diesem Weg leicht bergab, entlang des Fernwanderweges „Baierweg", einem der ältesten Handelswege, der von Straubing über Domazlice nach Furth im Wald führt. Der Streckenführung folgend biegen wir links in einen kleinen Waldweg ein, überqueren den Erlbach und fahren leicht bergauf nach Hilm. Dort rollen wir am Erlenhof vorbei, durch die Ortschaft Hilm hindurch und am Ende rechts auf eine Forststraße. Sie endet an der Verbindungsstraße, die links nach Sankt Englmar führt, wo wir allerdings entgegengesetzt zu dieser Hauptstraße weiterfahren. Hier müssen wir sehr aufmerksam sein, da es an der Abzweigung nach Rettenbach gleich wieder links hineingeht.

Die Straße führt am Landgasthof „Zum Hirschenstein" vorbei und schlängelt sich den nächsten Kilometer nach Rettenbach bis zum Gut Schmelmerhof. Von hier ist es nicht mehr weit zum Kloster Kostenz, unserer ersten längeren Pause. Es geht in einer Rechtskurve noch durch ein Wäldchen über die Brücke zu einer Abzweigung, die wir überqueren und auf der wir weiter zum Kloster Kostenz 4 fahren. Hier kommen wir zu einem ehemaligen Kloster mit einer einmaligen Naturidylle. Es ist ein denkmalgeschütztes Gebäude von den Barmherzigen Brüdern und war früher für viele lungenkranke Kinder ein segenreiches Domizil. Heutzutage bietet es sowohl für Seminare und Tagungen als auch für Erholungsgäste ideale Rahmenbedingungen. Dieses Gebäude liegt in einer paradiesischen Umgebung mitten in einem traumhaften Waldmeer.

Wir fahren den Forstweg weiter, wo es zu dem beschilderten Aussichtspunkt Rautenstock, der

Meinstorfer Kapelle

Kloster Kostenz

„Lug ins Land“ 5 genannt wird, geht. Hier kann man richtig die Seele baumeln lassen und den atemberaubenden Blick genießen. Man sollte an diesem Platz die Inspiration der Landschaft und die Ursprünglichkeit der Natur auf sich wirken lassen.

Wir fahren auf unserem Bike die Strecke über Kloster Kostenz bis zur Abzweigung zurück und müssen jetzt kräftig in die Pedale treten, denn entlang des Rettenbacher Mühlbachs geht es stetig bergauf. Hier orientieren wir uns an der Mountainbike-Markierung Nr. 45, die uns zum Knotenpunkt „Schuhfleck“ bringt. Dort angekommen entscheiden wir uns für eine idyllische Fahrt entlang des „Mühlgrabenwegs“, der zum Grimmeisen-Weiher führt. Dieses kleine Stück sollten wir unbedingt langsam fahren, da es ein Genuss ist, in diesem stimmungsvollen kleinen Wald zu biken. Am Grimmeisen-Weiher angekommen machen wir eine kurze Pause und tauchen in eine andere Welt ein, denn hier befindet man sich an einem mystischen, einsamen Weiher inmitten einer herrlichen Waldkulisse. Wir harren etwas aus, atmen die wunderbare, klare Luft ein und setzen die Fahrt langsam fort. Sie führt uns zur Diensthütte, von wo aus es nur ein Katzensprung zum Berggasthaus Menauer in Grandsberg ist (Einkehr empfehlenswert). Dieser Forstweg und die regionale Beschilderung bringen uns wieder nach „Schuhfleck“, wo wir kurze Zeit auf dem Goldsteig-Zubringer fahren, am Grandlbrunnen vorbeikommen und schließlich nach Oedwies gelangen. Hier können wir einen kurzen Abstecher auf den Hirschenstein (1.095 m) 6 machen (sehr empfehlenswert und Pflicht eines jeden Bikers). Dort geht es auf einem kleinen Trail an Buchenwäldern vorbei bis zum Aussichtsturm. Dieser eindrucksvolle Rundblick auf die Donauebene ist eine der schönsten im Bayerischen Wald. Nach einem kurzen Gedankenaustausch mit vielen gleichgesinnten Outdoor-Sportlern fahren wir den gleichen Weg zurück nach Oedwies. Wir bleiben auf der Goldsteig-Route, die uns entlang der Landkreisgrenze Regen und Straubing-Bogen zum Knogl (1.056 m) 7 führt. Er ist der höchste Gipfel in der Gemeinde Sankt Englmar. Hier halten wir uns an die Beschilderung Nr. 6 und ver-

Brotzeit am Prellerhaus

Blick vom Hirschenstein

Kleiner Trail am Predigtstuhl

lassen bei der Kudernhütte die Forststraße, wo wir uns rechts halten und nach 200 Metern wieder rechts zum Hochberg (1.025 m) fahren. Dort geht es gemächlich durch den Wald, bis wir schon von Weitem den Predigtstuhlgipfel (1.024 m) 8, der wie der Hochberg auch auf dem Höhenzug zum Hirschenstein liegt, erblicken. Nachdem wir das Gipfelkreuz des Predigtstuhls erreicht haben, legen wir einen kurzen Stopp ein, setzen uns auf die Bank und informieren uns auf einer Übersichtstafel über diesen wilden Felsengipfel. Bevor wir weiterfahren, genießen wir auch hier noch einmal die Aussicht, welche auf diesem von dichten Wäldern umgebenen Gipfel hervorragend ist. Anschließend fahren wir langsam bergab, machen nach ca. 300 m allerdings noch einmal einen kurzen Halt, denn auf der rechten Seite ist eine wunderschöne Wacholderweide, deren Duft man schon von Weitem wahrnimmt.

Es geht weiter steil bergab zum Ortsteil Predigtstuhl. Dort fahren wir über die Hauptstraße Richtung Funkturm und auf dem Wanderweg Nr. 4 unterhalb des Pröllers (1.048 m) 9 am Bikepark Hochpröller vorbei. Hier rollen wir noch ein kleines Stück durch den Wald und kommen nach Hinterwies 10. Eine phantastische Aussicht auf Kollnburg, Viechtach und die Bayerwaldberge belohnt uns für die vielen bis jetzt gefahrenen Höhenmeter. Nun biegen wir am Parkplatz links ab und kommen zum Wegweiser Kirchenweg. Diesen kleinen Trail fahren wir etwas vorsichtiger, da er etwas uneben ist und am Anfang leicht bergauf geht. Nach kurzer Zeit sind wir an einem schönen Rastplatz mit Blick ins Klinglbacher Tal, wo wir weiter durch den Wald zum Prellerhaus fahren. In dieser netten Hütte kehren immer sehr viele Wanderer und Radfahrer während oder nach ihrer Tour ein. Nach der willkommenen Pause geht es weiter bis zur nächsten Forststraße, wo wir uns links Richtung Sankt Englmar halten. Hier überqueren wir die Hauptstraße und genießen die letzten Meter, die uns über die Felder zu unserem Ausgangspunkt Wanderparkplatz Ahorn bringt.

BERGGASTHOF MENAUER

(850 m ü. NN) in Grandsberg (liegt ca. 5 Minuten ab „Diensthütte“ von der Strecke entfernt). Hervorragendes Essen in einer tollen Umgebung mit eindrucksvollem Ausblick von der Terrasse.

Grandsberg 6 | 94374 Schwarzach – Grandsberg | www.grandsberg.de

SANKT ENGLMAR

Sankt Englmar ist eine Outdoor-Region, die weit über die bayerische Grenze hinaus bekannt ist. Gerade das Radfahren oder Mountainbiken spielt hier eine große Rolle. Fünf Tausender warten förmlich darauf, von Ihnen entdeckt zu werden. Diese Gipfel mit ihren traumhaften Ausblicken und unvergesslichen Eindrücken begeistern Naturfreunde und Aktive gleichermaßen.

Auf den Spuren der Kirchen und Burgen

Rundtour zwischen Gäuboden und Donau

TOUR 24

Steinach, Parkplatz an der Kirche
Navi: Hafnerstraße, 94377 Steinach

Steinach – Wolferszell – Gschwendt – Au – Ascha – Willersberg – Falkenfels – Geßmannszell – Saulburg – Krumbach – Obermiethnach – Untermiethnach – Kirchroth – Aufroth – Münster – Steinach

27,7 km Asphalt, 2,0 km Forstwege

Tour Nr. 17

Diese Rundtour hat viel zu bieten. Drei verschiedene Landschaftsformen, die unterschiedlicher nicht sein können, mit dem Gäuboden, der Donauebene und dem Bayerischen Wald. Auf dieser sehr reizvollen Route geht es am Anfang gemächlich los, ab 6 km gibt es leichte Anstiege, die schön zu fahren sind, und zum Schluss kann man es in der Donauebene austrudeln lassen.

Radsport Lang, Chamer Str. 36,
94315 Straubing
Zweirad-Center Stadler, Chamer Str. 47,
94315 Straubing

Straubing, Fraunhoferstr. 27,
94315 Straubing,
Tel. 09421/9440

leicht | 29,7 km | 310 Hm | 2:15 Std.

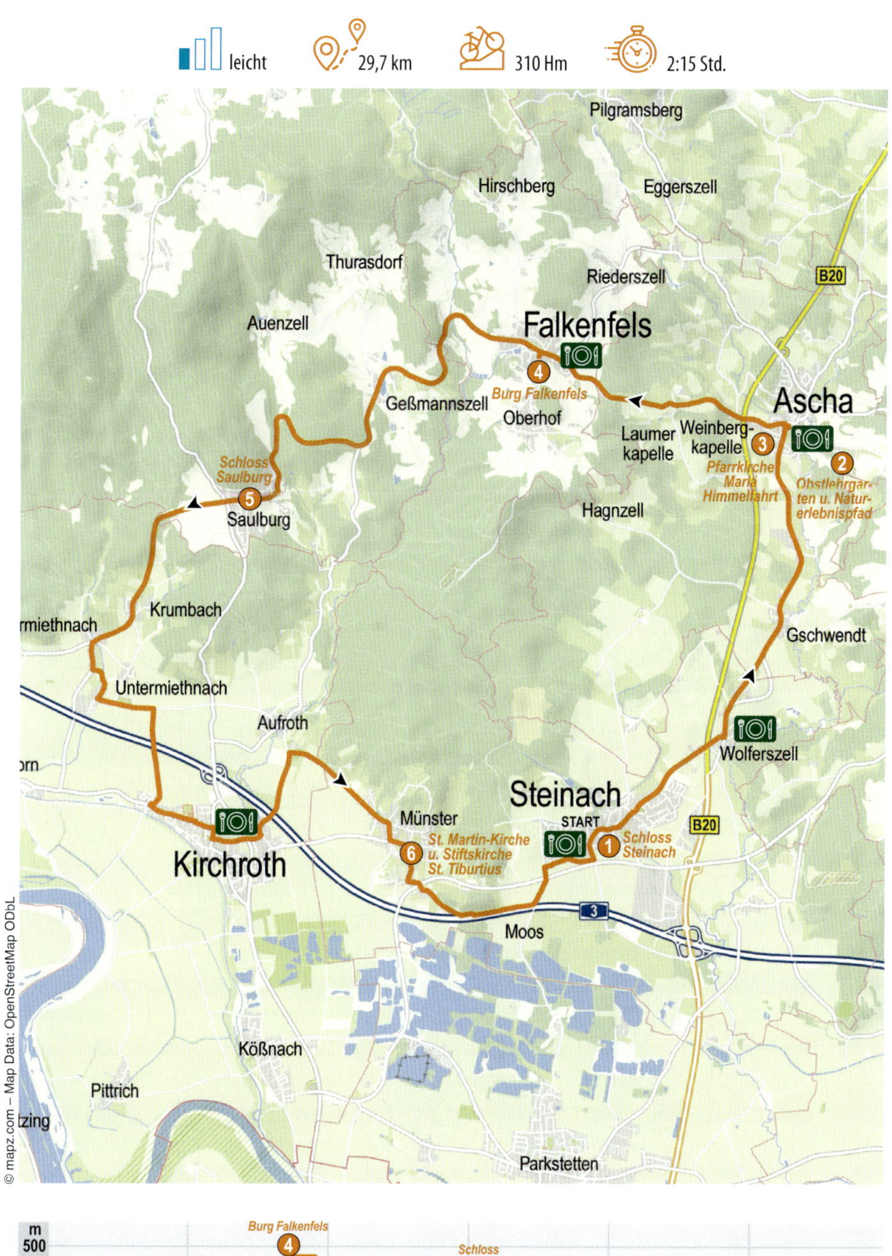

Eindrucksvolle Kirche in Gschwendt

Der Start unserer Kirchen- und Burgentour beginnt in der Nähe des Schlosses Steinach ❶, am Parkplatz neben der Kirche.

Die ersten Meter führen uns nördlich die Hafnerstraße entlang, vorbei an der „Alten Schule", aus Steinach hinaus und hinein in den „Woid". Wir rollen uns langsam ein und fahren entspannt bergab Richtung Wolferszell. Unser Blick schweift auf die halbrechte Seite, wo wir auf der ersten Anhöhe den Luftkurort Mitterfels sehen und weiterführend die ersten Berge des Bayerischen Waldes. Es geht unter der B20 hindurch und an der Chamer Straße der Beschilderung folgend links aus der Ortschaft hinaus. Nach 300 m verlassen wir die Hauptstraße und treten unseren ersten Anstieg gleichmäßig bergauf. Zuerst ist die Teerstraße unser Untergrund und am Ende von Wolfersberg ein angenehm zu fahrender Feldweg. Oben angekommen nutzen wir eine kurze Pause, drehen uns um und genießen diesen ersten Blick ins Donautal mit dem wunderschönen Gäuboden. Nach der Kuppe lassen wir uns bergab treiben und kommen wieder auf die Hauptstraße. Diese führt uns in das Dorf Gschwendt, das wir passieren. Dann fahren wir weiter über die Au bis Ascha. Wir steuern kurz den Obstlehrpfad an sowie den Naturlehrpfad ❷ am Fuchsberger Weg und in der Ortsmitte die Kirche Mariä Himmelfahrt ❸.

In der Ortsmitte geht es weiter Richtung Saulburg. Zuerst leicht bergauf die Falkenfelser Straße entlang bis zur B20, die wir auf einer Brücke überqueren. Nun haben wir den steileren Abschnitt vor uns, es beginnt der anstrengendste Teil der gesamten Strecke. Aber wenn wir langsam fahren und uns die Kraft einteilen, schaffen wir die zwei Kilometer lange Steigung ganz locker. Wir treten weiter bergauf, die Burg Falkenfels im Blick, vorbei an einem schön anzuschauenden Buchenwald, in das kleine beschauliche Örtchen Falkenfels. Vom Ortseingang fahren wir noch ein kleines Stück in die Ortsmitte, biegen links in die Bergstraße ein und stehen vor der wuchtigen Burg Falkenfels ❹, dem Wahrzeichen dieser Ortschaft. Wir sind angetan von dieser eindrucksvollen Burganlage, die sich vor uns erstreckt. Am Burgberg in einer Höhe von 507 m steht dieses prächtige Bauwerk, das auf dem nach drei Seiten steil abfallenden Felsen im Jahr 1100 von den Grafen von Bogen errichtet wurde. Heute ist sie in Privatbesitz. Nach einer Besichtigung der Burg und des Turms, die nur Sonntag ab 14.00 Uhr möglich ist, statten wir dem Burgcafé zum Abschluss noch einen Besuch ab.

Wir genießen die kurze Zeit in dieser Ortschaft und fahren weiter.

Dann rollen wir bergab über eine langgezogene steile Asphaltstraße, die uns an Pferdekoppeln und schönen Weideflächen vorbeiführt. In der Senke geht es über den Fluss Kößnach und mit Schwung am Gegenhang einen kleinen Anstieg wieder hinauf in einen kleinen Mischwald. An diesem etwas flacheren Teilstück erholen wir uns und fahren zügig mit unserem Bike weiter bergab nach Geßmannsdorf. Auf dieser verkehrsarmen Landstraße geht es durch die kleine beschauliche Ortschaft, am Weiher vorbei und die langsam ansteigende Straße hinauf. Diese kleine Erhebung schaffen wir auch ohne große Probleme und meistern gleich darauf bergab die nächste Kurve, die uns nach Saulburg führt.

Wir fahren langsam an der Schlossmauer vorbei und entdecken auf der linken Seite das Schloss Saulburg 5. Die auf einer Felsnase errichtete Schloss-Anlage stammt aus dem 12. Jahrhundert, ist jetzt in privaten Händen und wird von dem Besitzer aufwendig saniert.

Die Donauebene liegt uns zu Füßen, und nun geht es nur noch bergab, welch ein Traum! Wir fahren zur nächsten Kreuzung, überqueren die Hauptstraße und orientieren uns an der Beschilderung, die uns geradeaus leitet. Eine wunderschöne Abfahrt hinunter ins Tal bringt uns nach Krumbach, eine kleine nette Ortschaft mit schönen, gepflegten Vorgärten. Dort bleiben wir auf der Jägerstraße und fahren weiter nach Obermiethnach. Wir fahren an der „Alten Schule" vorbei und biegen links „Am Breimbach" ab. Dort kommen wir an einem alten Bauernhaus vorbei und bleiben weiter auf dieser Straße mit der Beschilderung Nr. 17. Nach 500 m müssen wir aufpassen, da es wieder scharf links nach Untermiethnach geht. Wir radeln entlang des idyllischen Baches und biegen kurz vor der Brücke links ab.

Nach der Niederbayerischen Hügellandschaft wird uns bewusst, dass wir hier in der „Kornkammer Bayerns" angekommen sind, dem Gäuboden.

Es geht über riesige Felder, zwischen denen wir nach einem Kilometer Richtung Kirchroth rechts abbiegen. Auf einer kleinen landwirtschaftlichen Straße überqueren wir die A3 und kommen in das kleine Örtchen Hundsschweif. Dort zweigen wir links auf die Regensburger Straße ab und fahren bis Kirchroth. An der Gabelung geht es ein kleines Stück die Dekan-Seitz-Straße entlang, ehe wir an der Landbäckerei wiederum links der Beschilderung folgen. Sie weist uns den Weg zu unserem nächsten Ziel – Münster 3,3 km. Wir fahren die sich dahinschlängelnde Lindenstraße entlang, überqueren wieder die A3 und kommen nach Aufroth. Dort biegen wir an der weiß umzäunten Pferdekoppel des Reitclubs Straubing rechts ab und fahren am Waldrand an der linksseitig liegenden riesigen Reitsportanlage Münster vorbei in die gleichnamige Ortschaft. In Münster lohnt sich ein kleiner Abstecher in die Ortsmitte, wo es zwei Kirchen gibt: Die 2016 neu restaurierte St.-Martin-Kirche und die Stiftskirche St. Tiburtius 6. Eine Seltenheit im Straubinger und Niederbayerischen Raum.

Nun fahren wir hinab zur Steinacher Straße. Dort überqueren wir die Hauptstraße, rollen durch Wiedenhof und fahren parallel zur Autobahn einen kleinen Feldweg entlang, der uns nach Steinach führt. Hier überqueren wir wieder die Hauptstraße und benutzen gleich rechts einen Feldweg Richtung Ortsmitte. Nun müssen wir nur noch den kleinen Anstieg meistern, der uns direkt zum Schloss und weiter zu unserem Start- und Zielort in Steinach führt. Das Schloss mit seinem Schlosspark sollte man sich zum Abschluss dieser wunderschönen Tour auf jeden Fall anschauen.

Traumhafter Blick in den Gäuboden

Drei-Bäche-Radweg zum Bogenberg

Romantische Runde im Vorderen Bayerischen Wald

TOUR 25

Bogen, Bahnhof, Parkplatz am Bahnhof
Navi: Bahnhofstraße, 94327 Bogen

Bogen – Bärndorf – Hunderdorf – Gaishausen – Mitterfels – Haselbach – Siegenfurt – Krottenholz – Irschenbach – Herrnfehlburg – Rattiszell – Ascha – Gschwendt – Wolferszell – Rotham – Agendorf – Oberalteich – Bogen

20,3 km gut zu fahrende Schotterwege, 29,2 km Asphalt

Donau-Regen-Radweg und Tour Nr. 26

Diese Tour führt uns am Anfang auf einer schönen ausgebauten ehemaligen Bahntrasse immer leicht ansteigend bis Haibach. Nach der Hälfte der Strecke geht es auf kleinen hügeligen Nebenstraßen bis Ascha. Die letzten Kilometer fahren wir im Gäuboden in der Ebene zurück nach Bogen.

Rathaus Bogen, Stadtplatz 56,
Windberg, Dorfplatz 2 (2 km von Hunderdorf entfernt)

Radsport Lang, Chamer Str. 36, 94315 Straubing
Zweirad-Center Stadler, Chamer Str. 47, 94315 Straubing
Fahrrad Simmerl, Rosengasse 45, 94315 Straubing

Tourist-Info Bogen, Stadtplatz 56, 94327 Bogen, Tel. 09422/505-109

DREI-BÄCHE-RADWEG-ZUM BOGENBERG – TOUR 25

m
450
420
390
360
330
300
km 5 10 15 20 25 30 35 40 45 50

1 Historischer Bahnhof
2 Kloster Windberg
3 Burganlage Mitterfels
4 Burgruine Haibach
5 Obst- und Naturlehrpfad
6 Klosterkirche Oberalteich
7 Wallfahrtskirche Bogenberg

Burgruine Haibach

Blick auf Hunderdorf und Windberg

„Raus aus dem Alltag, rein in die Natur". Dieser Spruch passt am besten für unsere heutige Tour, die wir am historischen Bahnhof von Bogen ❶, der Heimat des Bayerischen Rautenwappens, starten.

Wir schwingen uns auf unser Bike und fahren die Bahnhofstraße hinunter Richtung Innenstadt zur Nepomuk-Brücke, wo wir an der Ampel links abbiegen und am Brückenheiligen Johannes von Nepomuk vorbeifahren. Es geht die ersten Meter auf der Bayerwaldstraße entlang, an der uns der plätschernde Bogenbach begleitet. Kurz vor dem Ortsende wechseln wir die Straßenseite und folgen dem beschilderten Donau-Regen-Radweg und der Nr. 26 des Drei-Bäche-Radweges. Die vorgegebene Route führt uns durch eine wunderschöne Allee, an deren Ende wir die hügeligen Vorboten des Vorderen Bayerischen Waldes erblicken. Weiter fahren wir parallel zur Hauptstraße an Bärndorf vorbei bis zur Tankstelle. Wir bleiben auf dem Radweg, rollen weiter geradeaus unter der Autobahn A3 hindurch und kommen über Hofdorf nach Hunderdorf. Kurz vor der Ortschaft erblicken wir rechts auf der Anhöhe das mittelalterliche Klosterdorf Windberg ❷.

Es geht weiter auf dem Radweg, der sich durch Hunderdorf schlängelt und uns zu einer Informationsstelle mit vielen interessanten Übersichtstafeln bringt. Hier ist es ein wunderbares Fahren, durch eine eindrucksvolle Natur mit vielen blühenden Wiesen. In Gaishausen angekommen, geht es an einem Gedenk-Kreuz mit drei Marterln vorbei und weiter nach Ehren. Dort bitte aufpassen, da wir eine Hauptstraße überqueren müssen. Danach tauchen wir in die Wälder des Vorderen Bayerischen Waldes ein. An vielen markanten Punkten und ehemaligen Stationen sind Übersichtstafeln angebracht, die über die historische Bahnlinie informieren.

Weiter geht es stetig bergauf durch den „Woid". Kurz danach erreichen wir den ehemaligen Bahnhof Mitterfels. Die Burg Mitterfels ❸ mit ihrem bekannten Heimatmuseum, das im ehemaligen Gefängnis beheimatet ist, der Teufelsfelsen und das Freibad sind interessante Ziele, die man ansteuern kann. Eine weitere Rarität am Bahnhof Mitterfels sind die 85-jährigen „Amerikanischen Roteichen". Früher sind im Herbst viele Straubinger nach Mitterfels gefahren, um sich „de roten Baam" anzuschauen. Nach diesem kleinen Abstecher genießen wir die Fahrt im Perlbachtal, vorbei an einigen alten Brücken und vielen schroffen Felsen. Wir folgen weiter unserer Beschilderung Nr. 26, die uns auf einem romantischen Streifzug entlang der ruhig dahin- fließenden Menach zur Abzweigung kurz vor Haibach bringt. Hier nehmen wir den rechten Weg und weichen kurz von unserer Tour ab. Denn wir wollen das Freibad und die Burgruine Haibach 4 aufsuchen. Nun verlassen wir den Donau-Regen-Radweg und fahren links über Krottenholz zur Straubinger Straße. Diese überqueren wir und bleiben auf der verkehrsarmen Nebenstraße, die uns am Fuße des Blumerberg stetig bergauf über die kleinen Ortschaften Prünstfehlburg, Irschenbach und Dammersdorf nach Herrnfehlburg bringt. Dort biegen wir in der Ortsmitte scharf nach links ab und freuen uns auf die steile, aber wunderschöne Abfahrt, die uns nach Rattiszell führt. Das hat richtig Spaß gemacht, und weiter geht es auf leicht welligem Terrain in dieses idyllische, kleine Tal. Wir biegen in Rattiszell am Ortsende von der Straubinger Straße links ab und fahren Richtung Waldrand. Hier halten wir uns an die Beschilderung, die uns kurz vor Irling rechts abzweigend eine Lichtung entlangführt. Diese hügelige Passage am Waldrand ist bei schlechtem Wetter etwas matschig, aber ansonsten macht es richtig Freude, in diesem Naturidyll zu fahren. Es geht weiter an der ruhig dahinfließenden Kinsach entlang. Wir genießen den einsamen Feldweg, der uns durch eine herrliche Auenlandschaft zur Hauptstraße führt. Die Beschilderung leitet uns in einer Links-Rechts-Traverse zum Stockrainer Weg und weiter bis Ascha. Dort geht es links zum Obstlehrpfad und dem Naturlehrpfad 5 am Fuchsberger Weg. Weiter folgen wir dem Waldweg, der uns schließlich rechts bergab nach Au und links abzweigend nach Gschwendt führt.

Der Beschilderung Nr. 26 folgend geht es links in die Kinsachstraße und nach ca. 1 km kurz vor der Steigung rechts in einen weiteren Feldweg. Dieser windet sich am Ufer der Kinsach entlang und biegt dann nach 500 m rechts ab. Wir halten uns an diesen Weg, der uns vorbei an der Dorfner Mühle nach Wolferszell bringt. Hier fahren wir vom Mühlenweg links ab in die Chamer Straße und nach 400 m rechts in die Birkenstraße. Am Ende geht es unter der B20 hindurch und gleich wieder links Richtung Steinach. Jetzt haben wir nur noch ebene Passagen vor uns und fahren weiter parallel zur B20 die Rothamer Straße bis zur Ampel. Diese überqueren wir und folgen linker Hand dem Radweg, der uns zu einer kleinen Unterführung bringt. Durch diese rollen wir hindurch, halten uns links und folgen der Markierung, die uns über eine Wiese zu einer kleinen Holzbrücke bringt. Hier schieben wir unser Rad hinüber und fahren einen idyllischen Pfad entlang nach Agendorf. Wir bleiben auf der Nr. 26, die rechts die Mitterfelser Straße entlangführt. Diese Asphaltstraße fahren wir weiter, überqueren die A3 und rollen leicht bergab zur Brücke. Hier biegen wir links ab und halten uns an eine schmale Straße, die am lieblich dahinfließenden Bach entlangführt. Vorbei geht es an der Kleingartenanlage und weiter den Kanal entlang über die vielen Felder des Gäuboden. Schließlich erreichen wir das Pfarrdorf Oberalteich mit seinem beeindruckenden Kloster. Wir treten über die Hauptstraße und machen noch einen kurzen Abstecher, um die Klosterkirche 6 mit ihrer außergewöhnlichen Innenausstattung aus dem späten 17. Jahrhundert zu besichtigen. Das Klostergebäude der Benediktinerabtei bildet den historischen Ortskern von Oberalteich, und das bekannte KulturForum verpflichtet sehr oft namhafte Künstler, die hier auftreten.

Unsere Tour geht langsam dem Ende zu, und wir rollen den letzten Kilometer an der Kinsach entlang nach Bogen. Dort kommen wir zu einer kleinen Allee, an deren Ende wir die Eisenbahnbrücke überqueren und direkt am Bahnhof von Bogen herauskommen. Einen kleinen Abstecher zum erholsamen Europapark Bayern – Böhmen – der „Grünen Lunge Bogens" – und der bekannten Wallfahrtskirche Bogenberg 7 machen wir aber auf jeden Fall.

Von der Welterbestadt auf der ehemaligen Feuersteinstraße

Klöster, Schlösser und die Deifelsbuxn im Regental

TOUR 26

Regensburg, Bayerwaldstraße (Reinhausener Brücke)
Navi: Parkplatz Bayerwaldstraße, 93059 Regensburg

Regensburg – Regenstauf – Marienthal – Nittenau – Reichenbach – Walderbach – Kirchenrohrbach – Roding – Wetterfeld – Untertraubenbach – Cham

Fast nur Asphalt, vereinzelt kleine Schotterwege

Regental-Radweg, München-Regensburg-Prag-Radweg

Die fast ebene Strecke besticht durch ihre hervorragende Routenführung im Regental und ihre eindrucksvollen Naturschutzgebiete. Ein steiler Anstieg muss kurz vor dem Wallfahrtsort Heilbrünnl überwunden werden.

PS-Zweiradcenter, Pfälzer Str. 6,
93128 Regenstauf, Tel. 09402/948703
Fahrrad Pilz, Zur Mühle 1,
93128 Regenstauf, Tel. 09402/938451
Seb's Bikeprojekt, Brucker Str. 4,
93149 Nittenau, Tel. 09436/902855
MC Mitterdorf Kellner, Hauptstr. 15,
93426 Roding, Tel. 09461/2347

Regensburg, Rathausplatz 4,
Tel. 0941/5074410

mittel
73,0 km
580 Hm
5:00 Std.
REGENSBURG
START
REGENSTAUF
1 Schlossberg Regenstauf
NITTENAU
3 Aussichtspunkt Deifelsbuxn
2 Kloster Reichenbach
4 Kloster Walderbach
5 Naturschutzgebiet Regentalhänge
6 Wallfahrtskirche Heilbrünnl
RODING
7 Aussichtsturm Untertraubenbach
8 Naturschutzgebiet Rötelseeweiher
9 Freizeitgelände Quadfeldmühle
CHAM
m
470
440
410
380
350
320
km
5
10
15
20
25
30
35
40
45
50
55
60
65
70

An der Mündung des Regen

Ein Klassiker unter den Fernradwegen in Deutschland ist der Radweg von der europäischen Metropole München über Regensburg in die Goldene Stadt Prag. Wir nehmen uns als Tagestour einen besonderen Abschnitt dieses 450 km langen Fernradweges vor: von Regensburg bis Cham.

Wir starten in der UNESCO-Welterbestadt Regensburg an der Bayerwaldstraße (Reinhausener Brücke), gegenüber dem Auer-Bräu. Der Streckenverlauf orientiert sich an einer uralten Handelsstraße, auf der bereits vor vielen Tausend Jahren Feuersteine nach Böhmen transportiert wurden. Wer noch kurz die Mündung des Regen sehen möchte, fährt von unserem Startort ca. 500 m nach Süden unter der Reinhausener Brücke und Franken-Brücke hindurch.

Nach einem kurzen Ausblick auf Regensburg und die sehenswerte Donau geht es los, und wir fahren auf dem R5 am westlichen Regenufer entlang Richtung Lappersdorf. Bei schönem Wetter ist

Start des Regental-Radweges

dieser Bereich sehr stark frequentiert, da er der nördliche Rad-Zubringer vieler Ortschaften nach Regensburg ist. Wir fahren unter der B16 durch, sehen rechts den gut besuchten Skaterpark und rollen genüsslich am Pielmühler Strandbad vorbei. Vom Pielmühler Wehr geht es über weite, wunderschöne Wiesenflächen vorbei am Regen entlang. Wir genießen die herrliche Natur und die Ausblicke auf die Höhenzüge des Vorderen Bayerischen Waldes. Vorbei an Zeitlarn, Regendorf und Edlhausen kommen wir nach Regen-

Das imposante Kloster Walderbach

stauf. Hier fahren wir rechts den Stegweg über die Fahrradbrücke und folgen der Jahnstraße, die uns vorbei am Bahnhof zur Regensburger Straße bringt. Nun geht es links in die Innenstadt, wo wir kurz vor der Abzweigung nach Nittenau die Möglichkeit haben, einen lohnenswerten Abstecher zum Schlossberg 1 (dort geht es rechts die Bergstraße hinauf) zu machen. Auf diesem Areal gibt es den Schloss-Turm, ein Infozentrum „Geschichte trifft Natur", sowie die Lourdes-Grotte und zwei Ritter-Spielplätze. Ein erstes Highlight mit einer hervorragenden Aussicht.

Weiter geht unsere Fahrt hinab in die Innenstadt und kurz vor der Brücke rechts der Beschilderung folgend Richtung Roding und Nittenau. Am Ortsende kommen wir vorbei am Valentinsbad, nutzen dort den linksseitigen Radweg und rollen auf flachem Terrain in das malerische Regental. Jetzt lassen wir es erst einmal laufen, und schön geht es am Fluss entlang parallel zur nicht stark frequentierten Regentalstraße bis Ramspau. Hier sehen wir viele Kanufahrer, die den örtlichen Zeltplatz und den Badeplatz nutzen. Auf der gegenüberliegenden Seite ist das Schloss Ramspau (Privatbesitz), das im 18. Jahrhundert erbaut wurde (dort kann man in Ferienwohnungen seinen Urlaub verbringen). Für uns geht es weiter am faszinierenden Regen entlang, an dem uns immer wieder kleinere Felsformationen auffallen, die von den vielen Booten umfahren werden. Jetzt sind wir aufgewärmt und biken auf dieser herrlichen Strecke über Heilinghausen (hervorragendes Landgasthaus) nach Hirschling. Hier entdecken wir auf der anderen Uferseite das denkmalgeschützte Schloss Hirschling, das früher ein römischer Wachturm war.

Bald können wir unsere erste Pause einlegen, die wir uns nach 26 km verdient haben: Am Fuße des Naturwaldreservates Gailenberg geht es nach Marienthal. Der dortige Biergarten ist ein Anziehungspunkt für Rad- und Kanufahrer. Nachdem wir uns gestärkt haben, biken wir weiter und

Brücke am Esper in Roding

Wallfahrtskirche Heilbrünnl

Aussichtsturm im Naturschutzgebiet Regental

müssen ein kurzes Stück auf der Hauptstraße fahren, die uns nach 2,5 km kurz vor Stefling wieder auf den rechtsseitigen Radweg bringt. Dieser führt uns durch Stefling mit seinem ehemaligen Schloss (ein Gesundheitshotspot in der Region) und weiter über Hof am Regen (mit seiner mittelalterlichen Wehranlage aus dem 12. Jh.) nach Nittenau.

Die abfallende Straße bringt uns in die Innenstadt, wo wir uns für die Weiterfahrt in einigen Lebensmittelgeschäften verpflegen können. Kurz vor der Brücke halten wir uns rechts, fahren an der Regental-Halle vorbei und folgen einem Wirtschaftsweg. Nun geht es ein kurzes Stück in der Auenlandschaft Nittenaus am Regen entlang. Wir überqueren danach die B16, halten uns links, passieren eine Hühnerfarm und zweigen links auf eine Nebenstraße ab. Hier erfahren wir einiges über das Schloss Bodenstein mit seiner Schlosskapelle, nur einen Steinwurf von unserem Standort entfernt. Wir bleiben allerdings auf unserer Route und fahren über Tiefenbach nach Reichenbach. Dort thront das hiesige Kloster 2 über der kleinen Gemeinde. Das von den Benediktinern um 1118 gegründete Kloster ist heute eine Pflegeanstalt für geistig und körperlich Behinderte und beherbergt auch eine Fachschule für Heilerziehungspflege.

Wer Bike & Hike in Reichenbach verbinden möchte, der sollte unbedingt einen kleinen Abstecher zum Aussichtspunkt „Deifelsbuxn" 3 unternehmen. Man muss nur über die Regenbrücke fahren, dort am Parkplatz sein Rad abstellen und im Ortsteil Kienleiten der Beschilderung „Wilder Mann 33" über die Regenstraße folgen. Eine Treppe führt uns zu diesem Aussichtspunkt, an dem man eine außergewöhnliche Sicht auf das Kloster Reichenbach hat. Danach geht es wieder den gleichen Weg zurück auf unsere Route. An der Brücke mit der Regental-Radweg-Beschilderung fahren wir links am Jugendzeltplatz vorbei Richtung Walderbach. Nach kurzer Zeit haben wir mitten auf einem Feld einen außergewöhnlichen Blick auf das Kloster Walderbach 4, das zu den ältesten der 12 Zisterzienserklöster in Bayern zählt. Dort ist auch das Kreismuseum Cham (hier erfährt man viel über die Geschichte des Klosters) untergebracht. Kurz vor dem Ort Walderbach ist auf unserem Weg auch ein Radpavillon mit einer Fernradwege-Übersichtstafel, an dem wir eine kurze Rast einlegen und die Ruhe in dieser herrlichen Landschaft genießen können. Wir fahren bis Walderbach, halten uns links und überqueren auch diese Brücke, biegen am Ende sofort rechts ab und halten uns an die Wegweisung nach Kirchenrohrbach. Eine kleine Straße führt uns oberhalb des Regen dorthin. Nach einem Anstieg geht es an einer Kapelle vorbei ins Naturschutzgebiet „Regentalhänge" 5. Hier am Durchbruchstal des Regen herrschen auf einer Länge von 2 km optimale Lebensbedingungen für Tiere und Pflanzen. Deswegen sollte man langsamer fahren und die Augen offenhalten.

An diesen Nordhängen mit seinen überdimensionalen Felsen fahren wir einen malerischen Waldweg entlang, der dann in eine Teerstraße übergeht und uns durch Dicherling führt. Wir bleiben auf dieser idyllischen Straße, mobilisieren noch einmal unsere gesamten Kräfte und fahren einen 1,6 km und 120 Hm langen Anstieg bergauf. Wir treten langsam hoch und sind froh, wenn wir am höchsten Punkt angekommen sind. Die beeindruckende Aussicht auf das „Land am Regenbogen" entschädigt für diesen knackigen Anstieg. Jetzt freuen wir uns auf die bevorstehende Abfahrt. Das macht richtig Spaß, unser Bike die nächsten drei Kilometer bergab rollen zu lassen. Aber aufgepasst, kurz vor der Ortseinfahrt Roding-Mitterdorf biegen wir rechts ab und machen noch einen kleinen Abstecher nach Heilbrünnl.

Die Wallfahrtskirche Heilbrünnl 6 ist eine von 13 Wallfahrtskirchen im Bistum Regensburg, die mit Quellen in Verbindung gebracht werden. Nach der Besichtigung lädt der Biergarten der Wallfahrts-Gaststätte Heilbrünnl mit Ausblick auf den Regenfluss förmlich zum Rasten ein.

Nun sind wir wieder bei Kräften, rollen bergab, biegen am Regen rechts ab und fahren links über die Franz-Sackmann-Brücke nach Roding. Dort geht es wiederum links am Bienen- und Fischlehrpfad vorbei zum Esper, wo uns die Beschilderung bis zum Kreisverkehr und zur Bundeswehrkaserne leitet. Wir rollen auf einer ebenen kleinen Nebenstraße weiter bis Wetterfeld. Dort bleiben wir auf der rechten Seite der Hauptstraße, fahren bis zur nächsten Unterführung, die uns durch Wulfing bis zum Aussichtsturm Untertraubenbach 7 bringt. Nach einem kurzen Besuch auf dem Turm mit seiner tollen Aussicht auf das Naturschutzgebiet Regentalaue geht es nach Untertraubenbach. Dort biegen wir links ab und fahren über das Naturschutzgebiet Rötelseeweiher 8 und Mitterdorf zu unserem Zielort, dem Freizeitgelände Quadfeldmühle 9 in Cham (nicht weit von der sehenswerten Innenstadt entfernt). Einige Sehenswürdigkeiten oder das Chamer-Freibad erwarten uns nun in der Kreisstadt Cham.

Kleines Hochrad in Untertraubenbach

Regensburger Ferienland-Rundtour

Über die Regensburger Höhen zum Tor des Bayerischen Waldes

TOUR 27

Regensburg, Stadtamhof/Pylonentor
Navi: Parkplatz Am Protzenweiher, 93059 Regensburg

Stadtamhof/Pylonentor – Wehrbrücke – „Donaukanal" Schelmengraben – Dreifaltigkeitsberg – Winzerer Höhen – Tremmelhauserhöhe – Schwetzendorf – Geiersberg – Preßgrund –Diesenbach –Regendorf – Gonnersdorf – Haslbach – Stadtamhof

32,0 km Asphalt, 10,0 km Schotter

Die Strecke ist nur zum Teil beschildert als Naab-Regen-Radweg, Falkenstein-Radweg und Donau-Radweg. Bitte achten Sie während der Tour auf die Ortsschilder.

Die Rundtour geht von Regensburg in den nördlichen Landkreis mit einem Abstecher in den Vorderen Bayerischen Wald. Bayerns viertgrößte Stadt aus verschiedenen Blickwinkeln zu betrachten und dabei einzigartige Natur- und Kulturjuwelen zu entdecken, machen den Reiz dieser Genussroute aus.

Pielenhofen (ca. 5 km vom Schwetzendorfer Weiher entfernt), beim Klosterstadel am Dorfplatz, Klosterstr. 5

Fahrrad Pilz, Zur Mühle 1, 93128 Regenstauf, Tel. 09402/938451
PS-Zweiradcenter, Pfälzer Str. 6, 93128 Regenstauf, Tel. 09402/948703,
Zweirad Ehrl, Am Protzenweiher 5-7, 93059 Regensburg, Tel. 0941/85124

Regensburg, Rathausplatz 4, Tel. 0941/5074410

mittel · 42,0 km · 427 Hm · 3:00 Std.

Start in der Weltkulturerbestadt Regensburg

Der Start- und Zielpunkt der „Regensburger Ferienland-Rundtour" befindet sich am Parkplatz in Stadtamhof beim Pylonentor (Am Protzenweiher). Bevor es losgeht, laden uns zum Auftakt das Pylonentor und das „Walhalla-Bockerl" ❶ zur Besichtigung ein.

Entlang des Europakanals (Am Protzenweiher) radeln wir direkt auf die Wehrbrücke „Donaukanal" zu. Diese stellt in Verbindung mit dem Pfaffensteiner Wehr die Zufahrt zum Naabtal-Radweg, Donau-Radweg sowie die Anbindung zu weiteren Radwegen her. Nach der Brückenauffahrt biegen wir an der T-Gabelung rechts ab, fahren am Ufer des Europakanals ❷ entlang und biegen links in die Würzburger Straße ein. Diese Straße führt uns weiter über die Wehrbrücke und die Alte Nürnberger Straße rechts zum Schelmengraben. Wenige Kilometer vom Stadtzentrum entfernt befinden wir uns hier in einer liebenswerten ländlichen Gegend. Der Schelmengraben war ursprünglich ein als Hohlweg ausgeprägter uralter Verkehrsweg, der die Donauniederung mit Amberg verband (Bayerische Eisenstraße). Nach dem Anstieg biegen wir scharf rechts in den Österreicher Weg, der uns nach 200 m zu einem Denkmal ❸ führt. Dieses erinnert an den 1. April 1809, an dem Stadtamhof von der österreichischen Artillerie um die napoleonischen Truppen beschossen wurde.

Am Ende des Österreicher Wegs stoßen wir auf den Dreifaltigkeitsberg mit seiner Pfarrkirche „Zur Heiligen Dreifaltigkeit" (1713) im Stadtteil Steinweg-Pfaffenstein. Hier genießt man einen atemberaubenden Blick über die Dächer der Stadt. Nach Querung des Schelmengrabens beim Friedhof Dreifaltigkeitsberg biegt man auf die Straße „Auf der Winzerer Höhe" ❹ ein, die bis zur Bergkuppe asphaltiert ist. Danach folgt nun der zweite Höhenabsatz. Vorbei an der „Seidenplantage" zieht sich die Bergkuppe 45 Höhenmeter auf ein Plateau hinauf. Da mehrere Waldpfade das Gelände durchziehen, ist wahlweise die Befahrung auf schattigen Forstwegen „Auf der Winzerer Höhe" möglich. An einer unscheinbaren Waldlichtung, wo sich sinnigerweise mehrere Sitzbänke befinden, genießt man einen schönen Blick auf die Stadt mit ihren markanten Domtürmen. Nach weiteren 600 m weitet sich am Waldende das Blickfeld und gibt großartiges Panorama frei. Die

Kurze Rast auf den Winzerer Höhen

sonnenzugewandte Südhanglage der Winzerer Höhe lässt vorzügliche Rebstöcke gedeihen. Hier gibt es eine 1500-jährige Weinbautradition, und es ist das kleinste Weinanbaugebiet Bayerns.
Weiter geht es 40 Höhenmeter hinauf zum Grillplatz. Er markiert die höchste Stelle der Winzerer Höhe. Mit jedem Höhenmeter, den man sich nach oben schraubt, wird das Panorama eindrucksvoller. Ob mit dem Trekkingrad oder dem E-Bike, es macht einfach tierisch Spaß, auf der Anhöhe entspannt entlangzuradeln und die freien Rundumblicke auszukosten. Unsere Tour führt uns weiter zur Tremmelhauserhöhe. Der Schotterweg, auf dem wir fahren (bei schlechtem Wetter ist er allerdings etwas matschig), mündet hier in den asphaltierten Karether Weg und markiert zugleich den Zenit der „Regensburger Ferienland-Rundtour" (456 m ü. M.). Dominiert wird der beschauliche Ort vom Gasthaus Huf (Zum Höhwirt), das bei Ausflüglern aus der Region – vor allem wegen seiner bayerischen Küche – äußerst beliebt ist. Der urige Biergarten komplettiert das Gasthaus mit seiner idyllischen Lage. Wir fahren nach dieser angenehmen Pause auf einer Nebenstraße (Karether Weg), an der 600 m nach Ortsende an einer T-Kreuzung links nach Altenried abgebogen wird. Auf der folgenden Gefällstrecke fällt das Höhenlevel bis kurz vor Schwetzendorf um 70 m.
In Schwetzendorf können wir einen kurzen Abstecher zum erfrischenden Schwetzendorfer Weiher 5 machen. Nach einer kühlen Abfrischung fahren wir den gleichen Weg zurück, bleiben auf der Dorfstraße und zweigen 100 m nach dem Ortsende rechts ab, wo uns eine kleine Landstraße nach Baiern bringt. Wir folgen der Beschilderung, die uns über Kaulhausen nach Schwaighausen leitet. Dort kommen wir in der Ortsmitte rechts zu einem Mahnmal (das an das Elend der KZ-Märsche erinnert) und folgen nach kurzer Zeit der Beschilderung Richtung Knieschlag. Eine schmale Teerstraße führt uns zu einem kleinen Gehöft, an dem der asphaltierte Untergrund endet und ein schön zu fahrender Feldweg weiter verläuft. Leicht ansteigend geht es durch einen wunderschönen Tannenwald, dessen Baumriesen uns im Schwaighauser Forst begleiten. Am Scheitelpunkt angekommen, rollen wir hinab Richtung Eitlbrunn und sehen aus dem Wald kommend die eindrucksvollen Höhenzüge des Vorderen Bayerischen Waldes. Wir biegen nach der rasanten Abfahrt links in die Kallmünzer

Reger Verkehr am Radweg

Das Ziel naht am Pylonentor

Straße ein und fahren bis zur Ortsmitte. Dort folgen wir weiter dem Naab-Regen-Radweg, der uns den Epfenthauer Weg entlangleitet. Jetzt heißt es noch einmal, alle Kräfte zu mobilisieren, denn der letzte finale Anstieg steht uns bevor. Es geht durch Epfenthau hindurch und weiter links hinauf ins benachbarte Preßgrund. Hier erholen wir uns erst einmal, drehen uns um und blicken in diese traumhafte Waldkulisse zurück, die wir gerade durchfahren haben. Jetzt geht es erst einmal die Höhenmeter, die wir bis hier erklommen haben, über Haslach rasant bergab. Wir fahren unter der A93 hindurch nach Diesenbach, überqueren die Diesenbacher Straße, um kurz darauf auf die Regendorfer Straße zu stoßen. Jetzt sind wir am Regental-Radweg, in den wir rechts abbiegen und auf dem wir bis zum Ortsende fahren. Dort folgen wir links dem straßenbegleitenden Radweg und rollen an der nächsten Kreuzung durch die Unterführung. Wir fahren entlang des sich dahinschlängelnden Flusses Regen nach Regendorf. Am Kreisverkehr verlassen wir den Regental-Radweg und fahren links am Radweg über die Regenbrücke zu einem kleinen Wäldchen. Hier überqueren wir die Straße und zweigen nach 400 m links ab. Wir fahren am Schulareal vorbei zur Fußgängerampel, die wir aktivieren, um so die stark befahrene Bundesstraße Schwandorfer Straße zu überqueren. Wir halten uns links, rollen unter der Eisenbahnbrücke hindurch, um gleich wieder im 180-Grad-Winkel eine Rechts-Kehre zu machen. Dort geht es an Mühlhof vorbei, um am Ende rechts auf einen Feldweg abzuzweigen. Diesem Weg folgen wir parallel zu den Eisenbahnschienen sowie dem dahinfließenden Wenzenbach bis Hölzlhof. Nun geht es entspannt weiter über Unterackerhof nach Gonnersdorf. Jetzt haben wir den Radweg Regensburg – Falkenstein erreicht, in den wir rechts abbiegen und auf dem wir auf dem neu geteerten Untergrund bis Haslbach fahren. Wir bleiben die nächsten drei Kilometer auf dieser beschilderten Trasse bis zur Glashüttenstraße. Dort zweigen wir links ab in die Brandlberg-Siedlung, fahren weiter geradeaus und in einer langgezogenen Rechtskurve zur nächsten Kreuzung. Hier halten wir uns an die weitere Beschilderung, die uns über die Pilsen-Allee und die Donaustaufer Straße zum Donau-Radweg bringt. Wir folgen weiter den quadratischen Schildern mit grünem Radfahrer auf weißem Hintergrund Richtung Regensburger Innenstadt und Protzenweiherbrücke/ Stadtamhof .

Weiter geht es über die Protzenweiherbrücke nach Stadtamhof. Wir fahren an der Parkanlage des Grieser Spitz vorbei, dessen Areal viele Naturbegeisterte zu einem kleinen Ausflug inspiriert, und kommen am Ende der Straße am Bruckmandl der Steinernen Brücke heraus. Jetzt sind es rechts abbiegend nur noch ein paar Meter zu unserem Start- und Zielort Pylonentor.

Am Donauufer bei einer Pause

In den Donauauen zur Walhalla

Über Schlösser, Seen und Dörfer

TOUR 28

Donauarena-Parkplatz, Regensburg
Navi: Odessaring, 93059 Regensburg

Regensburg/Donauarena – Schwabelweis – Tegernheim – Donaustauf – Sulzbach a. d. Donau – Demling – Bach a. d. Donau – Frengkofen – Kiefenholz – Wörth a. d. Donau – Giffa – Auburg – Illkofen – Friesheim – Sarching – Donaustauf – Tegernheim – Schwabelweis – Regensburg/Donauarena

52,0 km Asphalt, 5,8 km Schotter

Überwiegend Donau-Radweg oder regionale Beschilderungen

Eine schöne flache Tour an der Donau entlang, mit nur einem nennenswerten Anstieg zur Walhalla. Ansonsten kann man die Route flussabwärts und auf der gegenüberliegenden Seite flussaufwärts genießen. Bademöglichkeiten sind unterwegs reichlich vorhanden. Bei schönem Wetter ist Vorsicht geboten, da man mit viel Gegenverkehr rechnen muss.

Tegernheim, Kreuzung Donaustraße
Wörth a. d. Donau, Rathausplatz 1
Wörth a. d. Donau, Straubinger Straße 7

Zweirad-Center Stadler, Kirchmeierstr. 22, 93051 Regensburg, Tel. 0941/37880
Zweirad Ehrl, Am Protzenweiher 5-7, 93059 Regensburg, Tel. 0941/85124

Regensburg, Rathausplatz 4, 0941/5074410

leicht | 57,8 km | 160 Hm | 4:00 Std.

START
REGENSBURG
Tegernheim
1 Vogelbeobachtungsstation Tegernheim
2 Geopfad Tegernheimer Schlucht
Donaustauf
3 Burgruine Donaustauf
4 Chinesischer Turm
5 Walhalla
Sulzbach an der Donau
Sarching
8 Sarchinger Weiher
Demling
Friesheim
Bach an der Donau
6 BaierWeinMuseum
Frengkofen
Illkofen
Auburg
Altach
Kruckenberg
Ettersdorf
Wiesent
WÖRTH AN DER DONAU
Waldbad Wörth
7 Schloss Wörth
Abenteuerspielplatz
Oberachdorf
Kiefenholz
Eltheim
Geisling
Pfatter
Barbing
Neutraubling
Harting
Rosenhof
Wolfskofen
Roith
Leiterkofen
Auhof
Neuallkofen
Allkofen
Obertraubling
Piesenkofen
Niedertraubling
Mintrachir
Mangolding
Scheuer
Egglfing
Flugplatz Oberhinkofen
B15
B8
3

m: 400, 380, 360, 340, 320, 300
km: 5, 10, 15, 20, 25, 30, 35, 40, 45, 50, 55
1 Vogelbeobachtungsst. Tegernheim
2 Geopfad Tegernheimer Schlucht
3 Burgruine Donaustauf
4 Chinesischer Turm
5 Walhalla
6 BaierWeinMuseum
7 Schloss Wörth
8 Sarchinger Weiher

Entlang des Donauradweges

Burgruine Donaustauf
Entlang des Donaudamms

Im Nordosten der Stadt Regensburg, am Parkplatz der Donauarena, starten wir unsere Tour. Wir folgen der Beschilderung des Donauradweges und fahren auf der linken Seite der Donau stadtauswärts. Die ersten Meter führen uns unter der Donaubrücke hindurch immer am Donauufer und dem Ortsteil Schwabelweis entlang. Hier wurde die Uferpromenade als reine „Fahrradstraße“ eingerichtet, was den Radfahrer freut und an der man sieht, dass die Stadt Regensburg eine überaus „Fahrradfreundliche Stadt“ ist. Am Ende der Straße kommen wir in ein kleines Wäldchen, das als besonderes Naturidyll bezeichnet werden kann. Wir folgen dem Radweg, der uns an Tegernheim vorbei zum Radl- und Wander-Rastplatz bringt. Hier kann man sein E-Bike aufladen, sich über die Sehenswürdigkeiten der Region informieren, die Vogelbeobachtungsstation 1 besuchen oder seinen Blick auf die nördlichen bewaldeten Erhebungen richten. Diese haben eine ganz besondere Geschichte: Wenn man genau hinsieht, entdeckt man, dass auf der linken Seite die zwei Höhenzüge getrennt sind. Diese „Tegernheimer Schlucht“ trennt den Nordwesten des Jura mit seinem Kalkgestein und im Nordosten den Gneis und den Granit des Regensburger Waldes voneinander. Am Fuße dieser Berge informieren sieben Stationen über den Geopfad „Tegernheimer Schlucht“ 2 und geben Einblick in die Erdgeschichte.

Weiter geht es auf unserem Bike an der Donau entlang in Fließrichtung von West nach Ost, wo uns ein angenehmer Rückenwind die Fahrt etwas erleichtert. Vor uns erblicken wir schon die imposante, malerische Burgruine Donaustauf, dessen Ortschaft unser nächstes Ziel ist. In die Marktgemeinde Donaustauf wollen wir auf jeden Fall einen kleinen Abstecher machen, da es dort sehr viele interessante kulturelle Highlights gibt. Vor allem lohnt es sich, die Gedenkstätte Walhalla mit ihrem eindrucksvollen Tempel und den Inschriften zu Ehren bedeutender Persönlichkeiten zu besuchen. Auch die Burgruine Donaustauf 3 mit einem sensationellen Blick auf die Stadt Regensburg und der Chinesische Turm sind sehenswerte Ziele.

Zuerst fahren wir links über die Radlbrücke, die uns zur Regensburger Straße leitet. Dort stoßen wir auf den Radweg, den wir bis zum Hotel „Forsters" und weiter bis zum Chinesischen Turm 4 entlangfahren. Von dieser Stelle kann man links zur Burgruine hinauffahren. Auf der gegenüberliegenden Seite geht es eine Straße hinauf zum Ruhmestempel Walhalla 5 (dort muss man ca. 1 km bergauf treten).

Nach diesem kulturellen Ausflug fahren wir in Donaustauf über die Wörther Straße zu einer kleinen Unterführung (dort bitte absteigen), die uns wieder zum Donau-Radweg bringt. Die nächsten Kilometer lassen wir es auf dem asphaltierten Radweg dahinrollen. Der führt uns parallel zur Hauptstraße zuerst nach Sulzbach und weiter in die kleine Ortschaft Demling. Hier geht es an den schönen Vorgärten des kleinen Dorfes vorbei direkt zum Damm, von dem aus wir einen außergewöhnlichen Blick auf die ruhig dahinfließende Donau haben. Wir fahren weiter nach Bach a. d. Donau (1 km vom Radweg entfernt) zu einem besonderen Schmankerl. Da wir uns hier in einem kleinen Weinanbaugebiet Bayerns befinden, sollten wir in einem hiesigen Weinlokal den Baierwein verkosten. Danach kann man noch einen kleinen Abstecher ins BaierWeinMuseum mit historischem Kelterhaus aus dem 14. Jh. 6 unternehmen. Dort wird über den Ursprung der Rebenkultur, von der Römerzeit bis heute, an den südlichen Donauhängen informiert.

Nach dieser angenehmen Pause folgen wir der Markierung, die uns entlang des Donau-Radweges über Frengkofen, weiter unter der A3 hindurch zur Abzweigung Kiefenholz bringt. Wir nehmen die linke Abzweigung und rollen gemütlich über Kiefenholz und nach dem Kreisverkehr geradeaus weiter nach Wörth a. d. Donau. Hier lohnt sich auf jeden Fall ein Abstecher in die Innenstadt zu einer Schloss-Besichtigung 7 (Führungen nur mit Voranmeldung unter: Tel. 09482/1277 und ab 6 Personen). Weiter fahren wir über die Straubinger Straße zum Auweg. Dort folgen wir der Donau-Radweg-Beschilderung, überqueren die A3 und biegen am Rastplatz rechts Richtung Regensburg ab.

Von hier aus haben wir noch einmal einen wunderschönen Blick auf das Schloss und die Stadt Wörth a. d. Donau. Wir bleiben auf dieser sich dahinschlängelnden Strecke und biegen 400 m vor dem Kreisverkehr links ab, fahren an dem Weiler Giffa vorbei und kommen zur nahen Hauptstraße (Achtung: viel Verkehr!). Dieser folgen wir, überqueren auf einer kleinen Brücke die Donau und fahren die nächste Landstraße rechts Richtung Kraftwerk Geisling. Dort radeln wir, die eindrucksvolle Umgebung genießend, an der Schleuse Geisling vorbei und folgen dem mächtigen Damm. Nun windet sich die Donau nach rechts, an der wir kurz vor der Autobahnunterquerung links vom Ufer abbiegen und nach einem Kilometer rechts nach Auburg und weiter über die Hofmarkstraße nach Illkofen fahren. Am Ende der Ortschaft wechseln wir die Fahrbahnseite und rollen genüsslich auf dem Radweg an der Donau entlang nach Friesheim. Kurz nach Friesheim biegen wir rechts ab, entlang des Donau-Altwassers zum Sarchinger Weiher 8. Hier lohnt sich gerade an heißen Sonnentagen ein Sprung in den schönen Badesee und danach ein kleiner Snack im nahen Strandkiosk. Danach geht es weiter über die Seestraße in die Ortsmitte von Sarching, an der wir dem Wegweiser folgend an der schmucken Kirche Mariä Himmelfahrt rechts abbiegen. Über die Rinsenstraße geht es hinab in die Donauauen und weiter zur nahen Hauptstraße. Dort zweigen wir rechts auf einen Radweg, der uns über die Donaubrücke hinüber nach Donaustauf leitet. Der weitere Weg ist identisch mit der Hinfahrt und geht auf dem Donauradweg über Tegernheim zum Parkplatz der Donauarena.

Von der Graf-Luckner-Stadt ins Land des Drachen

Familientour in der Naturidylle Chambaue

TOUR 29

Cham, Quadfeldmühle Parkplatz
Navi: Janahofer Straße, 93413 Cham
Endpunkt: Furth im Wald, Drachenhöhle
Rückfahrt mit der Oberpfalzbahn oder dem ALEX (Räder sind kostenlos)

Cham – Kammerdorf – Windischbergerdorf – Selling – Kothmaißling – Neumühlen – Weiding Bhf. – Arnschwang – Furth im Wald

20,7 km Asphalt, 1 km Schotter

Zuerst Regental-Radweg, ab Altenstadt Chambtal-Radweg

Es ist eine leichte Tour für die ganze Familie. Die Strecke ist fast immer auf Radwegen, hat keine Steigungen und geht an zwei idyllischen Flüssen entlang: dem Regen und der Chamb. Mit den Kindern kann man auf diesen 21 Kilometern viel erleben, da man an besonders schönen Freizeiteinrichtungen vorbeikommt.

Floßhafen Cham
Stadtwerke Cham, Further Str. 4, Cham
Arnschwang, Kirchgasse
Tourist-Info Furth im Wald, Schloßplatz 1

Zweiradcenter Diermeier, Rodinger Str. 13, 93413 Cham
Bike-Stop Luithardt, In der Grube 1, 93466 Chamerau
Sepp's Radlstol, Weiher 4a, 93494 Waffenbrunn

Cham, Probsteistr. 46, 93413 Cham,
Tel. 09971/8579410

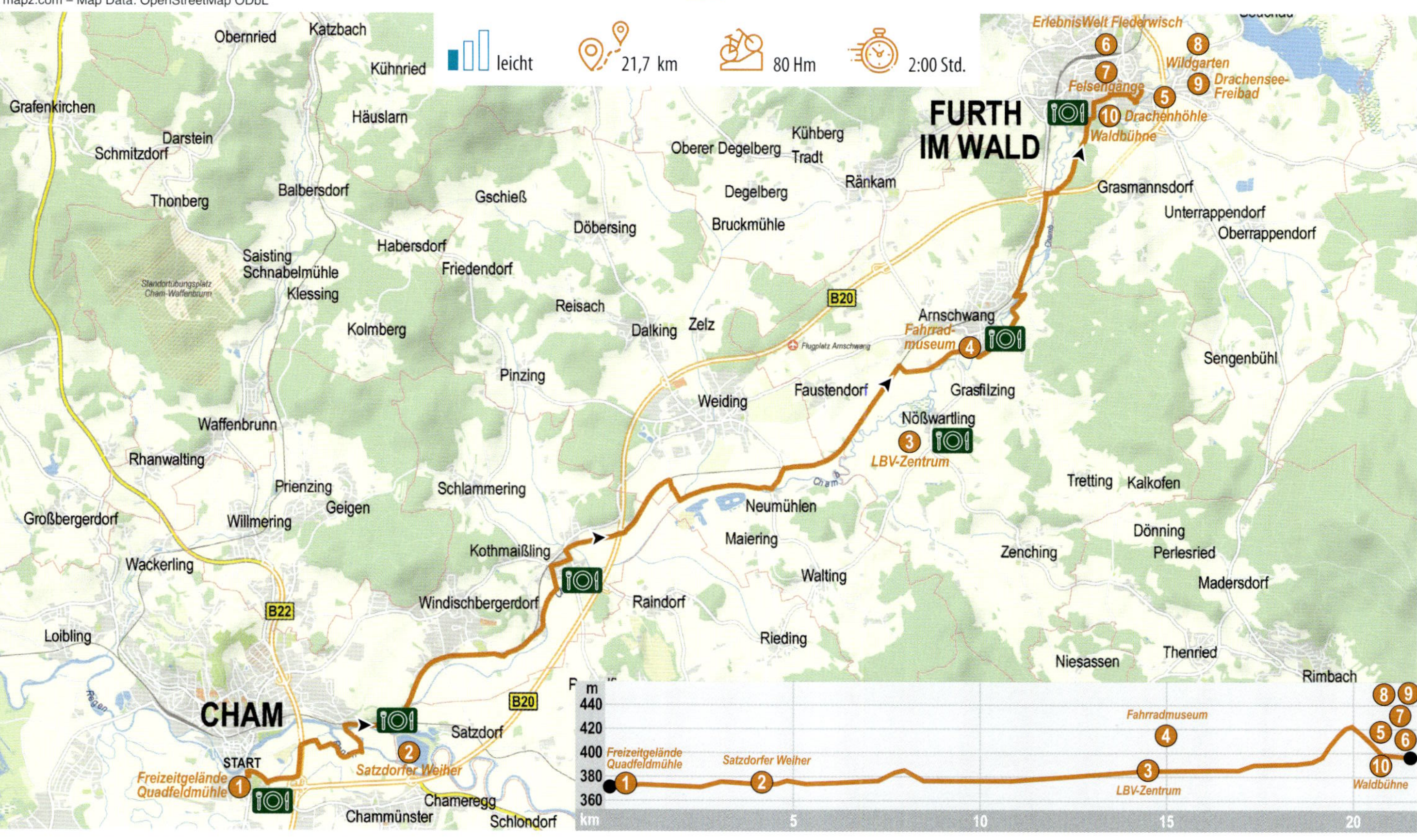
leicht
21,7 km
80 Hm
2:00 Std.
CHAM
FURTH IM WALD
START
1 Freizeitgelände Quadfeldmühle
2 Satzdorfer Weiher
3 LBV-Zentrum
4 Fahrrad-museum
5 Drachenhöhle
6 ErlebnisWelt Flederwisch
7 Felsengänge
8 Wildgarten
9 Drachensee-Freibad
10 Waldbühne
Obernried
Katzbach
Kühnried
Grafenkirchen
Häuslarn
Darstein
Schmitzdorf
Thonberg
Balbersdorf
Gschieß
Döbersing
Saisting
Schnabelmühle
Klessing
Habersdorf
Friedendorf
Reisach
Dalking
Zelz
Kolmberg
Pinzing
Weiding
Faustendorf
Waffenbrunn
Rhanwalting
Prienzing
Geigen
Schlammering
Großbergerdorf
Willmering
Wackerling
Kothmaißling
Windischbergerdorf
Raindorf
Loibling
Satzdorf
Chameregg
Chammünster
Schlondorf
Oberer Degelberg
Kühberg
Tradt
Degelberg
Bruckmühle
Ränkam
Arnschwang
Grasfilzing
Nößwartling
Neumühlen
Maiering
Walting
Rieding
Tretting
Kalkofen
Zenching
Dönning
Perlesried
Madersdorf
Niesassen
Thenried
Rimbach
Grasmannsdorf
Unterrappendorf
Oberrappendorf
Sengenbühl
B20
B22
Flugplatz Arnschwang
Standortübungsplatz Cham-Waffenbrunn
Regen
Chamb
m
440
420
400
380
360
km
5
10
15
20
Freizeitgelände Quadfeldmühle
Satzdorfer Weiher
LBV-Zentrum
Fahrradmuseum
Waldbühne

Fahrradmuseum Arnschwang

Further Waldbühne –
Jim Knopf und Lukas der Lokomotivführer

Wir starten am Parkplatz der Quadfeldmühle ❶ in der 1000 Jahre alten Kreisstadt Cham. Zuerst geht es am Regental-Radweg auf einem kleinen befestigten Kiesweg entlang Richtung Windischbergerdorf, wo wir nach ca. 200 m links abbiegen. Nun fahren wir auf einem kleinen landwirtschaftlichen Weg parallel zum Quadfeldmühlbach sowie der Hauptstraße bis zur Brücke. Dort geht es einen etwas holprigen Weg unter der Staatsstraße hindurch, wo wir vor uns das weitläufige Gebiet der Chambaue sehen. Jetzt rollen wir gemütlich auf dem Radweg immer am Fluss Regen entlang, der uns zu einer Fußgänger- und Radfahrerbrücke bringt. Diese überqueren wir, und nach weiteren 500 m geht es in Altenstadt über den Chamb. Hier beginnt der Chambtal-Radweg, der uns zu einem unbeschrankten Bahnübergang bringt, wo vor allem alle Kinder besonders aufpassen müssen, wegen der durchfahrenden Züge. Wir überqueren die Gleise und rollen nach Kammerdorf. An der Kammerdorfer Straße teilt sich der Radweg, wobei der Regental-Radweg rechts abzweigt und über den Satzdorfer Weiher ❷ führt. Wir halten uns aber an die Streckenführung des Chambtal-Radweges, überqueren die Straße am Gasthaus Schneider und fahren eine kleine Abfahrt hinunter ins Chambtal. Hier geht es weiter immer an der Chamb entlang, durch dieses breite Tal über weite Felder und schönen Wiesen. Wenn wir uns umschauen, sehen wir auf der linken Seite oberhalb von Windischbergerdorf den Buchberger Gipfel, der das Ziel vieler Wanderer und Mountainbiker ist.

Wir fahren in Selling durch mehrere Bauernhöfe und kommen nach Kothmaißling, wo wir der Beschilderung folgend in den Ort bis zur Steinmetzstraße, dort rechts zur Kapelle und weiter links die Raindorfer Straße hinunterfahren. Kurz vor dem Bahnübergang biegen wir rechts ab auf den Radweg, den wir wieder an den Gleisen entlangfahren. Die nächsten Kilometer kommen wir an großen landwirtschaftlichen Flächen vorbei, fahren unter der B20 durch und weiter durch das malerische Chambtal. Hier sind wir in der Further Senke, einem besonders schützenswerten Vogelschutzgebiet und Brut- und Rastplatz vieler seltener Vogelarten. Da lohnt es sich wieder, etwas langsamer zu fahren und die Natur besser wahrzunehmen sowie die unterschiedlichen Vogelstimmen zu genießen. Unser Weg führt links an der Chamb entlang bis zur Hauptstraße, diese überqueren wir, halten uns links, um kurz danach rechts am Radpavillon einzubiegen. Nun geht es am Bahnhof Weiding vorbei bis zur Kläranlage von Arnschwang. Wir stellen unsere Räder ab und machen zu Fuß einen kleinen Abstecher in ein wahres Naturparadies, das „LBV-Zentrum Mensch und Natur" ❸. In einer historischen, denkmalgeschützten ehemaligen Getreidemühle am Flussufer des Chamb liegt das LBV-Zentrum „Mensch und Natur", ein Terrain, das keine Naturforscherwünsche offen lässt. Dort gibt es den außergewöhnlichen Eisvogelsteig und einen Fluss zur Erkundung der ursprünglichen Auenlandschaft. Wieder zurück bei den Rädern fahren wir weiter nach Arnschwang, wo wir zuerst den landwirtschaftlichen Weg nutzen, dann ein Stück auf der Zenchinger Straße Richtung Ortsmitte fahren und das Fahrradmuseum 4 besichtigen. Dort erwartet Groß und Klein ein liebevoll eingerichtetes kleines Fahrrad-Museum mit vielen alten Fahrrädern und ausgestellten Exponaten aus der Zeit von anno dazumal. Ein kleines Café und eine Fahrradwerkstatt komplettieren dieses interessante und geschichtsträchtige Zweirad-Museum. Wir fahren zurück zur Zenchinger Straße, biegen vor der E-Bike-Ladestation links ein und folgen der Beschilderung bis zur Hauptstraße. Hier müssen alle hintereinander radeln, da man nun rechts auf die befahrene Further Straße kommt und ca. 200 m darauf bleibt. Vor der Bahnschranke geht es wieder auf unseren Radweg entlang. Nun rollen wir am Bahngleis entlang und fahren weiter zur großen Brücke und rechts über die kleine Radfahrbrücke. Die letzten zwei Kilometer geht es auf einem gut befestigten Forstweg nach Furth im Wald. Dort kommen wir am Ortsanfang zur Wutzmühle, wo auf der rechten Seite „Die Further Waldbühne" liegt. Dies ist Ostbayerns größtes Freilichttheater für Kinder, wo jedes Jahr verschiedene Theaterstücke aufgeführt werden.

ErlebnisWelt Flederwisch

Weiter geht es über die Jörg-Pfeil-Straße und die Jettinger Straße zur Grundschule und über den Zipperersteg zur Drachenstich-Festwiese. Hier wartet auf uns die Drachenhöhle 5 mit dem Further Drachen, dem größten vierbeinigen Schreitroboter der Welt. Danach haben wir noch Zeit in Furth im Wald, viele Attraktionen für Familien zu besuchen und einen schönen Tag zu verbringen.

NATURPARK OBERER BAYERISCHER WALD

Der Naturpark Oberer Bayerischer Wald ist aufgrund seiner hervorragenden touristischen Infrastruktur und den sehr gut angelegten Radwegen längst zu einem Hotspot für Genuss- und Familienradler geworden. Gerade der Chambtal-Radweg mit seinen Abenteuerspielplätzen, den vielen Radpavillons, der plätschernden Chamb und den vielen Attraktionen am Wegesrand und am Zielort sorgen dafür, dass bei den Kids keine Langeweile aufkommt.

Vom Gläsernen Herz zur Trinkwassertalsperre

Frauenauer Familien-Radtour am Fuße des Rachel

TOUR 30

Tourist-Info Frauenau (Glasmuseum)
Navi: Am Museumspark, 94258 Frauenau

Frauenau – Freibad Frauenau – Gläserner Steig – Gut Oberfrauenau – Trinkwassertalsperre – Frauenau

12,7 km Asphalt, 4,0 km Waldweg

Bitte an den Orts- und Wandertafeln orientieren.

Die Strecke führt ab der Ortsmitte immer leicht bergauf, wobei man bis zum Damm immer wieder kleine Erholungspassagen hat. An der Trinkwassertalsperre geht es im leicht welligen Terrain immer am Ufer entlang, um das Bike nach der Speicherumrundung hinablaufen zu lassen. In dieser traumhaften Umgebung kann man Kinder für die Natur und das Radeln begeistern.

Tourist-Information Frauenau,
Am Museumspark 1

Radsport Leitl, Theresienthal 51,
94227 Zwiesel, Tel. 09922/802157
Sporrer-Technik (E-Bike-Verleih)
Langdorfer Straße 2, 94227 Zwiesel,
Tel. 09922/1318

Frauenau, Am Museumspark 1,
94258 Frauenau, Tel. 09926/7979001

VOM GLÄSERNEN HERZ ZUR TRINKWASSERTALSPERRE – TOUR 30

mittel | 16,7 km | 270 Hm | 2:00 Std.

Abwechslungsreiche Strecke rund um den Stausee

Wir beginnen unsere Tour am Glasmuseum in Frauenau ❶, in dem gleichzeitig die Tourist-Info beheimatet ist. Hier finden wir viele Informationen über unsere Tour und dem Nationalpark. Wir freuen uns schon auf diesen Outdoor-Tag, da die Region um Frauenau für Kinder viele Angebote hat. Jetzt geht es aber los: Wir fahren die ersten Meter hintereinander auf der Hauptstraße in nördlicher Richtung, überqueren die Schienen und bleiben auf dieser immer leicht bergauf führenden Straße. In der Ortsmitte zweigen wir an der Badstraße rechts ab, folgen der Beschilderung „Oberfrauenau" und fahren gemütlich zum Ortsende. Hier erblicken wir voller Freude auf der linken Seite das kleine Freibad von Frauenau. Bei heißem Wetter ist dieser Ort auf jeden Fall ein Muss für die ganze Familie, denn das beheizte Bad bietet mit Schwimm-, Spiel- und Planschbecken, der Kinderrutsche und dem Beach-Volleyballfeld Bade- und Freizeitspaß „pur". Wir radeln weiter und rollen auf der Oberfrauenauer Straße aus der Ortschaft hinaus. Jetzt tauchen wir in das mächtige Waldgebirge des Naturparks Bayerischer Wald ein. Wir stoßen gleich am Anfang auf die Strecke des Fernwanderweges „Gläserner Steig", der Wanderer von Haibühl bis Grafenau leitet und auf dem die Geschichte der Glastradition auf 99 km in 6 Etappen immer allgegenwärtig ist.

Unsere Tour führt uns weiter auf einer leicht steiler werdenden Straße. Sie führt auf den nächsten drei Kilometern immer wieder an kleinen Lichtungen mit eindrucksvollen Ausblicken vorbei. Dort erkennen wir den Arber und die umliegenden Bayerwaldberge. Nach einer kurzen Pause, die wir mit unseren Kids unterwegs einlegen sollten, fahren wir kurz vor Oberfrauenau durch eine prachtvolle Allee. Diese führt uns direkt in das eindrucksvolle Gelände des ehemaligen Schlosses Oberfrauenau ❷. Das sogenannte „Märchenschloss des Bayerischen Waldes" gehört dem Glashüttenbesitzer Freiherr von Poschinger; es besteht allerdings nur noch aus dem Gutsgebäude (mittlerweile eine Seniorenresidenz), einer Kapelle und dem Gutsgasthof (ein beliebtes Ziel vieler Radfahrer). Das Gasthaus lädt mit seinem ruhigen Ambiente und der eindrucksvollen Idylle zum Verweilen ein. Nach einem Besuch im kinderfreundlichen Wildgehege, im Streichelzoo sowie auf dem Spielplatz fahren wir weiter. Es

Glasarche in Frauenau

Am Damm des Trinkwasserspeichers

geht leicht bergauf zu einer Abzweigung. Geradeaus marschieren die Wanderer die Rachelstraße entlang zum Gipfel des Rachel. Wir nehmen allerdings links die kleine Forststraße, auf der wir den Rachelsteig kreuzen und weiter entlang des Triftkanals auf dem Wanderweg des Gläsernen Steigs bis zur Hauptstraße fahren. Hier folgen wir der Straße, die einen Rechtsbogen macht und direkt an der Trinkwassertalsperre 3 endet. Auf der rechten Anhöhe schauen wir uns die sehr interessanten Übersichtstafeln mit Informationen über die Historie und die Merkmale dieses Wasserspeichers an. Er versorgt sieben Landkreise mit insgesamt 500.000 Menschen und ist ein wichtiger Faktor für die Trinkwasseraufbereitung des Bayerischen Waldes.

Auf den Bänken machen wir noch einmal eine kurze Rast, die sich nach diesem langen Anstieg vor allem die Kinder mehr als verdient haben.

Nachdem alle wieder bei Kräften sind, setzen wir uns wieder auf unsere Drahtesel und orientieren uns an der Beschilderung, die uns um den See führt. Am Anfang geht es auf einem Waldweg am Ufer entlang, wo die dicht stehenden Bäume des Nordhanges des Kleinen Rachel uns angenehmen Schatten spenden. Wir überqueren die „Steinige Seige", einen Zufluss des Kleinen Regen, und kommen zum Ostende des Speichers. Dort biegen wir an der Abzweigung scharf nach links ab und nach weiteren 400 m halbrechts bergab. Jetzt lassen wir unsere Bikes hinunterrollen bis zu einer idyllischen Sitzgruppe. Diese lädt uns förmlich zum Picknicken ein, was wir dankend annehmen. Dabei genießen wir den schönen Blick auf den Stausee. Wir fahren weiter, rollen am Hirschbach, dem zweiten Zulauf des Stausees, vorbei und freuen uns auf dieses ebene Teilstück. Es geht entspannt die nächsten zwei Kilometer am Fuße des Hirschbergs (1.039 m) zurück zur Staumauer. Dort haben wir noch einmal einen ganz tollen Blick auf den Großen Rachel (1.452 m), den zweithöchsten Berg im Bayerischen Wald. Unsere Strecke führt uns weiter über die Staumauer und rechts die Schachtenstraße entlang. Sie bringt uns bergab über Serpentinen zum Parkplatz der Trinkwassertalsperre und weiter entlang des Kleinen Regen rasant hinunter ins Tal. Die rauschende Abfahrt begeistert uns alle, und die Freude ist uns anzusehen. Die letzten Meter geht es noch über den Wasserhäuslweg nach Frauenau. Hier fahren wir links in die Ortschaft hinein und weiter über die Hauptstraße zu unserem Start- und Zielort, dem Glasmuseum Frauenau. Jetzt haben wir noch Zeit, um den ganzen Nachmittag im Freibad 8, beim Eis essen, im Areal des Glasmuseums mit seinem Gläsernen Garten und seinen Großskulpturen 5 sowie am Spielplatz (Schaukel, Wippetier, Klettergerät und Seilbahn) 4 zu verbringen. Absolut sehenswert sind auch noch die Poschinger Glasmanufaktur 6 mit Vorführungen und die Glashütte Eisch 7 mit Werksbesichtigung. Eine vorherige Anmeldung wird empfohlen.

Diese Tour kann auch von Zwiesel gestartet werden, da von dort ein wunderschöner Radweg über Dampfsäge und Zwieselau nach Frauenau führt. Es müssen dann ca. 12 km mehr eingeplant werden.

Auf der ehemaligen Eisenbahntrasse zur Burg Falkenstein

Abenteuerliche Exkursion am Regensburg-Falkenstein Radweg

TOUR 31

Regensburg – Wutzlhofen, Parkplatz Hotel Haslbach. Navi: Pilsen Allee 265–271, 93057 Regensburg

Regensburg/Wutzlhofen – Gonnersdorf – Irlbach – Wenzenbach – Bernhardswald – Erlbach – Hauzendorf – Lambertsneukirchen – Roßbach – Hirschenbühl – Schillertswiesen – Gfäll – Falkenstein

22,0 km Schotter
13,0 km Asphalt

Ab Gonnersdorf bis Landkreisgrenze als R1 und weiter als Falkenstein-Radweg.

Diese Tour ist ein wahrer Genuss für die ganze Familie. Die Steigungen sind moderat und für jeden zu schaffen. Dazwischen gibt es viele Spielplätze, Naturschauspiele und zum Schluss ein Erlebnis-Freibad.

Hauzendorf, Hirschenbühl, Falkenstein

Rad- und Sportservice Wall, Hauptstr. 19, 93173 Wenzenbach

Regensburg, Rathausplatz 4,
93047 Regensburg, Tel. 0941/5074410
Falkenstein, Marktplatz 1,
93167 Falkenstein, Tel. 09462/942220

Der Radweg beginnt am Bahnhof Regensburg – Wutzlhofen bei Haslbach. Wer vom Regensburger Hauptbahnhof startet, muss zusätzlich noch 9 km einplanen (GPS-Daten abrufbar). Auf dem gesamten Bockerl-Radweg gibt es einige Hauptstraßen, die überquert werden müssen.

AUF DER EHEMALIGEN EISENBAHNTRASSE ZUR BURG FALKENSTEIN – TOUR 31

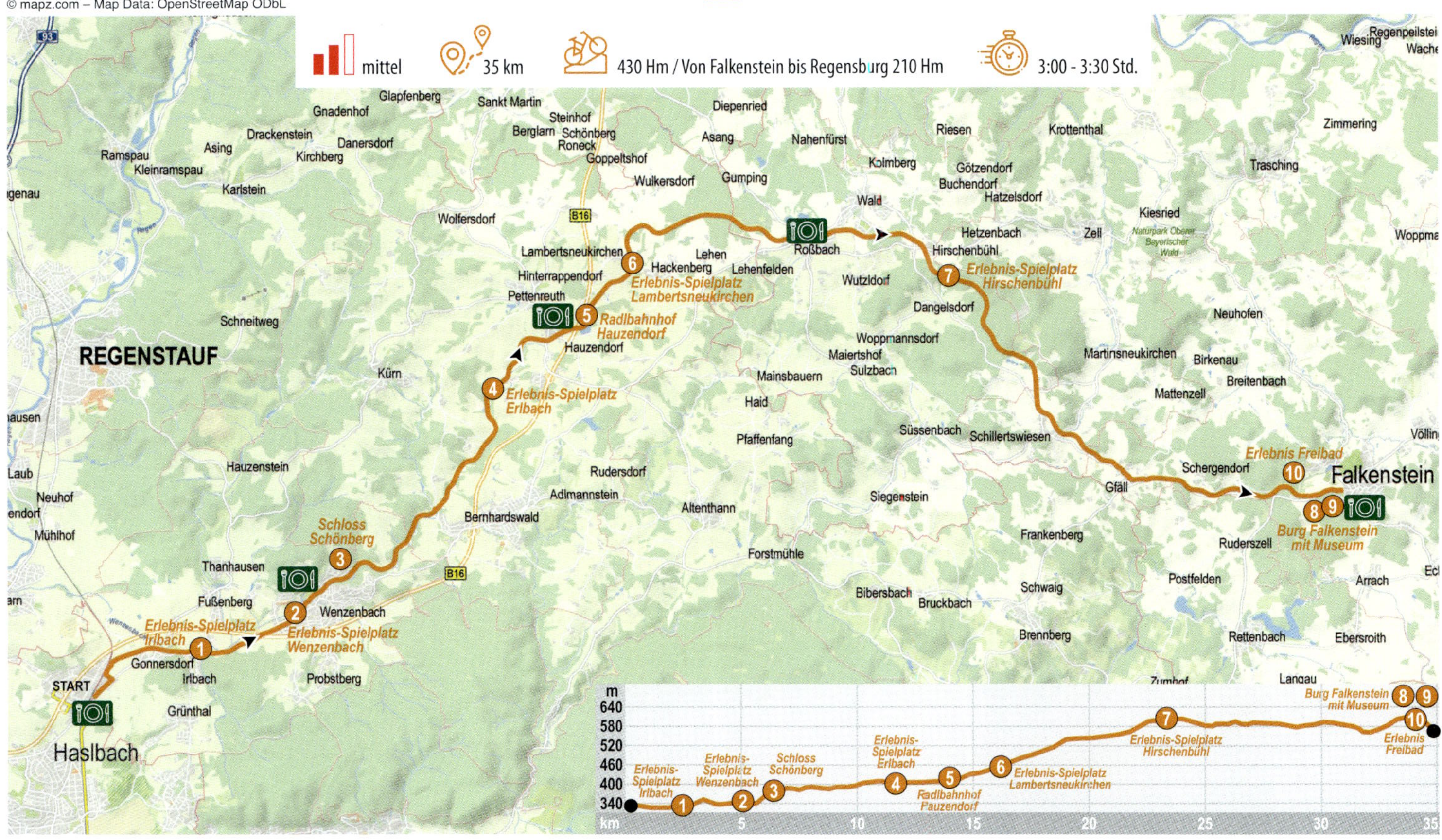

Erlebnis-Spielplatz in Wenzenbach

Radlbahnhof Hauzendorf

Unsere heutige Tour geht von der Welterbestadt Regensburg in die Festspielstadt Falkenstein. Der Start ist etwas außerhalb von Regensburg in Wutzlhofen bei Haslbach (Parkplatz Hotel Haslbach). Dort fahren wir vom schmucken Bahnhofsgebäude auf dem asphaltierten Radweg linksseitig parallel zur Böhmerwaldstraße, ehe wir an der nächsten Abzweigung auf dem beschilderten R1 bzw. Falkenstein- Radweg links abbiegen. Jetzt heißt es freie Fahrt, denn auf dem neu asphaltierten beschilderten Radweg geht es die nächsten Kilometer gemütlich entlang. Nachdem wir die Böhmerwaldstraße überquert haben, rückt der Wenzenbach in den Blickpunkt, der mit seinen verzweigten Wasserläufen entlang unserer Route richtig auffällt.

Wir erblicken nach 500 m auf der linken Seite den Natur-Spielplatz Irlbach, ein unfassbar schöner Spielplatz ❶ ,der mit seinen vielen Holzspielgeräten wunderbar in diese Umgebung hineinpasst. Wir fahren weiter und kommen an die ehemalige Personenhaltestelle Irlbach, an die ein Schild aus vergangenen Zeiten erinnert. Nun geht es am Flusslauf entlang, der auf einen Verkehrsknotenpunkt zusteuert. Hier fahren wir über die Ampel und weiter auf einem ausgewiesenen Weg leicht bergab nach Wenzenbach. Wir bleiben auf dem Radweg und erblicken auf der linken Seite einen weiteren tollen Natur-Freizeitbereich, „Wenzenbach-Aue" ❷. Dort kann man sich mit seinen Kindern länger aufhalten, denn dieser Abenteuerspielplatz in der Natur mit seinem idyllischen Teich ist ein Paradies für Alt und Jung.

Wir fahren weiter an Wenzenbach vorbei und erblicken das historische, denkmalgeschützte Schloss Schönberg ❸, das allerdings in Privatbesitz ist.

Wir fahren mit unseren Kids weiter entlang des Wenzenbachs in eine sauerstoffreiche Waldpassage, die uns im grünen Dickicht verschluckt. Hier bietet sich ein kurzer Stopp an, da nach Querung der Schönberger Straße am linken Streckenrand eine überdimensionale Kartengraphik den Streckenverlauf des Radweges abbildet. In diesem Wenzenbachtal mit seiner urwüchsigen Berg- und Naturlandschaft kommt den Radlern der typische Bahntrassen-Charakter der stillgelegten Lokalbahnen zugute. Bis zur Gemeinde Bernhardswald ist die Strecke nun asphaltiert (3,3 km). Streckencharakteristik, Landschaftsbild und Geländeform ändern sich abrupt. Das ausladende Tal des Wenzenbachs verjüngt sich in eine dicht bewaldete, eng eingeschnittene Wald- und Felsenlandschaft. Die weitere Fahrt führt uns in eine reizvolle Bach- und Hügellandschaft mit außergewöhnli-

chen Granitblöcken. Kurz darauf wird die längste Brücke (ca. 18 m) der ehemaligen Bahnstrecke überquert. Ein ins Landschaftsbild integrierter Rastplatz verlockt zum Absteigen.
Nach Überschreitung der Straße taucht schräg versetzt die ehemalige Bahnhaltestelle Bernhardswald auf. Hier wurde ein großzügiger Rastplatz mit Wetterschutz und Informationsschautafeln erstellt. Von hier aus geht es über die ehemalige Bahnhaltestelle des Weilers Erlbach 4 mit seinem Radpavillon sowie dem Balancier-Parcours und weiter über eine sattgrüne Wald-, Wiesen- und Teichlandschaft ins 5 km entfernte Hauzendorf. Hier fördert der rustikale „Radlbahnhof" 5 (Infos unter www.radlbahnhof.de) mit seinem Biergarten unter idyllischen Ahorn- und Eichenbäumen automatisch unser Hunger- und Durstgefühl. Das ursprüngliche Bahnhofsgebäude wird momentan restauriert, damit es 2023 wieder als Ausflugsgaststätte bewirtschaftet werden kann. Nun kommt der anstrengendste Teil der Tour ins benachbarte Lambertsneukirchen. Hier müssen wir bis zur Hetzenbacher Höhe ganz schön strampeln. Doch keine Angst, im gemächlichen Tritt-Rhythmus und mit guter Motivation für die Kinder ist die gleichmäßige Steigung schneller gepackt als man glaubt. Hier wurde auf Privatinitiative in liebevoller Detailarbeit ein Eisenbahn-Museumspark 6 errichtet. Nostalgische Eisenbahn-Relikte (Signale, Räder, Gleisanlage etc.) und Schautafeln erinnern an diese Epoche. Dieser Rastplatz lädt auch zum Kräftesammeln und Innehalten ein. Die nächsten Kilometer erlauben uns, auf aussichtsreichen Höhenzügen immer häufiger beeindruckende Fernblicke auf die zauberhafte Landschaft zu genießen. Nun radeln wir in die nächste Waldpassage und kommen vom Landkreis Regensburg in den Landkreis Cham. In Rossbach besteht eine Einkehr- und Einkaufsmöglichkeit (Lebensmittelmarkt) sowie ein kleiner Spielplatz. Wir überqueren die Nittenauer Straße, fahren vorbei an dem Rastplatz mit den Informationstafeln und kommen nach kurzer Zeit zu der Verbindungsspange, die unseren Radweg mit dem Regental-Radweg verbindet. Wir fahren jetzt ganz entspannt weiter und rollen zum wettergeschützten Rastplatz Hirschenbühl 7, der einen integrierten modernen Bewegungs-Parcours beinhaltet. Auf dem folgenden Streckenabschnitt wechseln sich prächtige Mischwälder, teils von Granitblöcken übersäte Hänge, Wiesentäler und Teiche ab. Die frei gewordene Fläche des ehemaligen Bahnhofsareals Schillertswiesen bietet neben der kleinen Kapelle St. Wolfgang eine weitere Rastmöglichkeit. Eine wunderschöne Aussicht entschädigt uns für die vielen Höhenmeter. Die letzten kleineren Steigungen sowie erholsame Abfahrten bekommen wir jetzt häppchenweise serviert. Weiter geht es nach Gfäll, wo auf der rechten Seite das privatisierte Bahnhofsgebäude auffällt. Nun folgt eine abschüssige Abfahrt, die von einer Baumgalerie umsäumt reines Fahrvergnügen verspricht. Das sanft wellige Streckenprofil in der wildromantischen Landschaft lässt aber keine Langeweile aufkommen. Letztmalig ist vor dem Ziel noch eine kleine Welle zu nehmen. Jetzt heißt es noch einmal tief Luft holen und die finalen 30 Höhenmeter bis zur Rundbogenbrücke – dem zweithöchsten Scheitelpunkt – zu überwinden, bevor sich auf rasanter Abfahrt der Wald lichtet und den Blick auf das sagenhaft in der Naturlandschaft eingebettete Falkenstein freigibt. Der imposante Blick auf die majestätische Burg 8 macht mit einem Schlag alle körperlichen Anstrengungen vergessen. Nun haben wir noch den halben Tag Zeit, die Burg, das Museum 9 und den Schlosspark Falkenstein mit seinen abenteuerlichen Felsformationen zu entdecken sowie das Erlebnis-Freibad 10 zu besuchen.

Spannende Erlebnistour zum Tierpark Lohberg und zum Kleinen Arbersee

Vom Greifvogelpark über den Seepark in den Lamer Winkel

TOUR 32

Kurpark Bad Kötzting, Parkplatz
Navi: Ludwigstraße, 93444 Bad Kötzting

Bad Kötzting – Feßmannsdorf – Grafenwiesen – Watzelsteg – Oberzettling – Hohenwarth – Arrach – Lam – Schrenkenthal – Schwarzenbach – Lohberghütte – Sommerau – Kleiner Arbersee

26,7 km Asphalt 1,0 km Schotterweg
39,0 km Asphalt 1,0 km Schotterweg

Lamer-Winkel-Arber-Radweg

Eine wunderschöne Radltour für die ganze Familie. Entlang der Eisenbahn geht es am Fuße des Kaitersberges und des Osser durch den wildromantischen Lamer Winkel.

Kur- und Gästeservice Bad Kötzting
Tourist-Info Lam

Tom's Sport Stadl, Weißenregener Str. 15
93444 Bad Kötzting, Tel. 09941/2435
Velotom, Arberstr. 65, 93462 Lam,
Tel. 09943/9030333

Bad Kötzting (Kur- und Gästeservice),
Bahnhofstr. 15, 93444 Bad Kötzting,
Tel. 09941/40032150
Infos gibt es auch in den Tourist-Infos Hohenwarth, Arrach, Lam und Lohberg.

Am unbeschrankten Bahnübergang in Hohenwarth und kurz vor Lam bitte aufpassen! Da ab Lohberghütte einige Anstiege überwunden werden müssen, ist diese Tour für Kinder ab 10 Jahre zu empfehlen.

SPANNENDE ERLEBNISTOUR ZUM TIERPARK LOHBERG UND ZUM KLEINEN ARBERSEE – TOUR 32

Unsere heutige Tour führt uns in den traumhaften Lamer Winkel. Eine Herausforderung für die ganze Familie, mit schönen Aussichtspunkten, einer atemberaubenden Natur und einigen Highlights auf der Strecke. Das Ziel ist der Bayerwald-Tierpark Lohberg oder der Kleine Arbersee.

Der Start unserer Route, die ausnahmslos entlang des Lamer-Winkel-Arber-Radweges führt, ist im Kurpark von Bad Kötzting ❶. Wir überqueren die Ludwigstraße und fahren einen kleinen Weg entlang am idyllischen Weißen Regen. Dieser schlängelt sich durch Bad Kötzting zu einer kleinen Brücke, unter dieser fahren wir durch, um danach gleich scharf links von der Uferpromenade die Jahnstraße zu erreichen. Hier rollen wir weiter am gesamten Schulareal vorbei. Jetzt geht es hinaus in die Natur, den ersten Anstieg hinauf und weiter hinab zum Weißen Regen. Die schmale Straße schlängelt sich durch eine faszinierende Auenlandschaft. Wir fahren am Fuße des Kaitersberges entlang, durch Feßmannsdorf und weiter in einen schattigen Mischwald. Hier erwartet uns ein besonderes Highlight, der „Greifvogelpark" ❷ Grafenwiesen. Dort wird der ganzen Familie ein außergewöhnlicher Einblick in die Welt der Greifvögel geboten.

Weiter führt uns unsere Route am Fluss Regen vorbei bis zur Hauptstraße. Diese überqueren wir, kommen zum Matheshof und fahren locker den Anstieg hinauf. Von der Anhöhe haben wir einen wunderbaren Blick in den Lamer Winkel und freuen uns auf den weiteren Wegeverlauf in diesem bemerkenswerten Tal.

Wir rollen am Fuße des Hohenbogen zwischen der Eisenbahnlinie und der Hauptstraße hinab. Der Radweg führt uns über eine kleine Holzbrücke und weiter bis zur nächsten Weggabelung am Watzlsteg. Wir orientieren uns an der Beschilderung, die uns auf einem Schotterweg geradeaus den Weg nach Hohenwarth weist. Auf einem kleinen Feldweg geht es bergauf bis Oberzettling. Wir fahren die schmale Straße durch die Ortschaft bis zur Anhöhe, und wunderbar geht es hinab, in diese Talsenke. Am Ende der Straße überqueren wir die Hauptstraße und fahren weiter über die Brücke bis zum unbeschrankten Bahnübergang, an dem die ganze Familie aufpassen muss. Diesen überqueren wir, lassen den Bahnhof links liegen und fahren auf die Lamer Straße. Jetzt geht es gemütlich aus der Ortschaft hinaus, wo wir kurz vor der Hauptstraße in einer S-Kurve in den Lamer-Winkel-Arber-Radweg abbiegen. Dieser führt wieder entlang der Bundesstraße leicht bergab. Nach ca. 1 km

Bohlenweg im Natur-Art-Park Arrach

Spielende Wölfe

Wisentherde im Tierpark

Der idyllische kleine Arbersee

kommen wir an einen netten Radpavillon, der ein idealer Rastplatz für eine Brotzeit ist. Nach einem kurzen Anstieg befinden wir uns am Ortseingang von Arrach, dort halten wir uns rechts und rollen leicht bergauf in die erste Ortschaft der Ökoregion Lamer Winkel. Vorbei an der Tourist-Info und der Schnapsbrennerei Drechsler (mit Handwerks-, und Mineralienmuseum) kommen wir zur Eckerstraße. An dieser biegen wir links ab, fahren über die Bahnschranke am Hotel Herzog-Heinrich vorbei und zweigen kurz vor der Ampel rechts in den Radweg ein. In einer kleinen Rechts-Links-Kombination kommen wir auf die Regentalstraße, an der wir auf der gegenüberliegenden Seite den Arracher Seepark entdecken. Ein Freizeitareal für Groß und Klein, mit seinem Badesee für die ganze Familie und der Erlebnis-Minigolfanlage. Bei schönem Wetter sollte man den Seepark 3 unbedingt besuchen. Wir fahren weiter und sehen rechter Hand das Arracher Moor mit dem „Natur-Art-Park" 4. Dieses Naturreservat bringt uns auf vielen Schautafeln und Objekten die Natur, die Kunst und das Handwerk näher.

Nach diesem interessanten Exkurs setzen wir unsere Fahrt fort. Kurz vor Lam biegen wir nicht links durch die Unterführung, sondern halten uns rechts und fahren einen kleinen Anstieg hinauf. Hier kommen wir wieder zu einem unbeschrankten Bahnübergang, dort ist wieder Vorsicht geboten. Diesen passieren wir, fahren auf der Gaberlsägestraße am Bahnhof vorbei bis zur Ampel. In Lam geht es über die Hauptstraße und gleich nach der Brücke rechts die Lohberger Straße Richtung Thürnstein. Diesen Ortsteil am Fuße des Osser passieren wir und kommen nach Schrenkenthal. Hier überqueren wir die Hauptstraße, um im Aubachtal genüsslich weiterzufahren. Wir bleiben auf dieser Asphaltstraße, die sich langsam bergauf nach Schwarzenbach schlängelt, unserem letzten finalen Anstieg. Auf der Kuppe angekommen, geht es den letzten Kilometer links bergab zum Bayerwald-Tierpark Lohberg 6.

Nach einem Besuch im Tierpark fahren wir die letzten vier Kilometer zurück nach Lam und können diesen schönen Tag bei einem Besuch im Osserbad 5 oder im Besucherbergwerk Fürstenzeche (ca. 1 km von der Ortsmitte entfernt, allerdings bergauf) ausklingen lassen. Danach fahren wir mit dem Zug zurück zu unserem Ausgangsort Bad Kötzting (Fahrräder kann man kostenlos mitnehmen).

Wer noch Lust hat und etwas dranhängen möchte, (hin- und zurück ca. 12 km und 230 Hm) kann von Lohberghütte der Beschilderung folgend über Sommerau aus weiter zum Kleinen Arbersee 7 radeln.

Vom blauen Strom
zur schwarzen Perle

Romantische Panoramatour von der Donau ins Ohetal

TOUR
33

Rad-Parkplatz Niederalteich
Navi: Scheibenstraße, 94557 Niederalteich

Niederalteich – Hengersberg – Waltersdorf – Schwanenkirchen – Iggensbach – Kopfsberg – Schöllnstein – Grubhof – Bruckmühl – Fürstmühl – Hofkirchen – Mitterndorf – Flintsbach – Winzer – Niederalteich

15,5 km Schotter, 25 km Asphalt,
500 m Waldpfad

Donau-Ilz-Radweg, Ohetal-Radweg und Donau-Radweg

Diese Familientour ist ein wahrer Genuss für Klein und Groß. Eine ehemalige Bahntrasse, idyllische Waldwege und ein Flussradweg machen diese abwechslungsreiche Tour zu einem wahren Highlight für die ganze Familie.

Anton Knapp, Mimminger Str. 18, 94491 Hengersberg, Tel. 09901/2292
Fahrradstudio, Geißkopfstr. 11, 94577 Winzer-Neßlbach, Tel. 0170/7273603
Eddys Bikestore, Passauer Str. 66, 94577 Winzer, Tel. 09901/8059855

Gemeinde Niederalteich, Guntherweg 3, 94557 Niederalteich, Tel. 09901/9353-0

Auf dem Donau-Ilz-Bahntrassen-Radweg sind von Hengersberg bis Iggensbach ab und zu kleine Straßenüberquerungen. Bitte auf die Kinder aufpassen und sie vorher darauf hinweisen.

leicht 41,0 km 220 Hm 3:00 Std.

Gerhard-Neumann Museum
Benediktinerabtei St. Mauritius
Älteste datierte Glocke Deutschlands
Bienenlehrpfad
Sattlinger Weiher
Ziegel- und Kalkmuseum
Burgruine Winzer

Der ausgewiesene Rad-Parkplatz und Ausgangspunkt unserer Tour liegt von der Autobahn kommend am Ortsende von Niederalteich. Von dort fahren wir über die Scheibenstraße und weiterführend die Deggendorfer Straße entlang in die Ortsmitte. Hier stoßen wir auf das sehenswerte Luftfahrtmuseum 1 des Triebwerkskonstrukteurs Gerhard Neumann. Den Schwerpunkt des privaten Museums bildet eine Ausstellung mit vier Starfightern und liebevoll gesammelten Exponaten. Ein weiteres Highlight ist in diesem schönen Ortskern die Klosterkirche 2 mit ihren zwei markanten Türmen. Die Benediktinerabtei des Heiligen Mauritius zählt zu den ältesten und bedeutendsten Klöstern Bayerns. Ziel vieler Radler ist das Ambiente des idyllischen Klosterhofes mit seinem Biergarten und den schönen, nostalgischen Gewölben.

Nun schwingen wir uns wieder auf unser Rad und folgen der Beschilderung, die uns entlang der Hengersberger Straße führt. Wir überqueren den Aubach und biegen links in die Bachstraße ein. Am Ende der Straße folgen wir in einer Rechts-Links-Traverse dem Donau-Ilz-Radweg, der in Niederalteich beginnt. Wir fahren über ein freies Feld, wo sich vor uns die ersten Berge des Naturparks Bayerischer Wald auftürmen. Es geht auf einer Asphaltstraße weiter, unter der A3 hindurch zu einem unbeschrankten Bahnübergang (hier bitte erhöhte Vorsicht). Diesen überqueren wir und fahren entspannt über die Brücke eines kleinen Wehrs der Ohe nach Hengersberg. Dort kommen wir an die Hauptstraße, an der wir ab jetzt unbedingt hintereinander fahren sollten. Der Radwege-Beschilderung folgend fahren wir über die Deggendorfer Straße und weiter die Bahnhofstraße (Richtung Eging a. See) entlang zum Ortsende. Auf der linken Seite entdecken wir einen Rastplatz mit vielen Infotafeln über den Donau-Ilz-Radweg sowie einen gravierten Fels („Einweihung 2006 Donau-Ilz-Radweg“). Wir überqueren die Straße und machen dort eine kurze Pause.

Dann geht es auf einem asphaltierten Weg weiter, und wir fahren die ersten Meter, vorbei an einem kleinen Spielplatz, sanft ansteigend hinaus in die Natur. Nachdem wir eine kleine Brücke überquert haben, halten wir kurz an und genießen mit den Kids die tolle Aussicht. Weiter geht es die nächsten Kilometer in typischem Bahntrassencharakter mit flachen Schotterwegen, leichten Anstiegen und sanftem Gefälle. Angekommen in Waltersdorf sehen wir gleich den Spielplatz „Alte Bahnhofstraße“. Dieser sorgt bei unserer ganzen

Eindrucksvolles Ohetal

Familie für eine willkommene Abwechslung. Nach der kurzen Pause rollen wir den Radweg weiter, der uns an alten Kilometersteinen und abfallenden Waldpassagen vorbeiführt. Nach 12 km kommen wir nach Iggensbach, wo wir den Donau-Ilz-Radweg verlassen und uns an dem idyllischen Ohetal-Radweg orientieren. Die Beschilderung führt uns die Bahnhofstraße entlang über die Hauptstraße und weiter bis zur Ortsmitte. Ein Besuch in der Pfarrkirche am Dorfplatz ist hier zu empfehlen, da dort die älteste, datierte Glocke Deutschlands (1144) ③ hängt. Der Radweg geht von der Hauptstraße rechts abzweigend den Mühlbergweg weiter bis zur Kläranlage am Waldrand. Dort rauschen wir vorbei und kommen vom asphaltierten Untergrund auf einen schön zu fahrenden Schotterweg. Er schlängelt sich bergauf bis zu einer Kuppe. Nun müssen wir aufpassen, da es den nächsten Kilometer auf einem groben Schotterweg steil bergab geht. Unten angekommen führt uns der Weg zu einer kleinen Hauptstraße. Diese leitet uns zum Weiler Kopfsberg. Hier erfahren wir auf einer lehrreichen Tafel des Naturparks Bayerischer Wald vieles über das richtige Verhalten in der Natur. Danach biegen wir nach 100 m rechts ab, fahren auf der Teerstraße entlang bis zu einem alleinstehenden Haus. Kurz davor führt uns die Ohetal-Beschilderung links einen 200 m langen Flow-Trail bis zur Holzbrücke. Dort überqueren wir die Kleine Ohe und fahren einen leichten Anstieg hinauf. Nun kommen wir auf einen eindrucksvollen Weg, der uns vorbeiführt an alten Bäumen, die schützend ihre Äste über uns ausbreiten und im gleichen Atemzug einen Kilometer weiter sich in eine zauberhafte Waldkulisse verwandeln. Der Weg leitet uns unter der A3 hindurch zu einem Waldpfad, immer begleitet von der plätschernden Kleinen Ohe. Nachdem uns der Wald wieder freigegeben hat, kommen wir über das blühende Bachtal nach

Am Donau-Ilz-Radweg mit Infotafel

Ein Bienenlehrpfad mitten im Wald

Schöllnstein. Dort biegen wir vom Forstweg auf die Teerstraße und lassen unsere Bikes bis nach Grubhof im schattigen Ohetal rollen. Jetzt geht es hauptsächlich bergab und wir genießen den Fahrtwind. Nach kurzer Zeit stoßen wir auf einen Bienenlehrpfad ④, der über einen Wanderweg von Hofkirchen kommt. Hier sollte man auf jeden Fall einige lehrreiche Stationen anschauen. Wir fahren weiter vorbei an steilen Hängen mit bemoosten Felsen sowie an einigen Stromschnellen der sich dahinschlängelnden Ohe. Unsere Straße endet in der Ortsmitte von Oberschöllnach, in der wir an der Vilshofener Straße nach rechts und gleich wieder an der Klosterstraße links zum Donaudamm abbiegen. Der Donauradweg bringt uns über den Sattlinger Weiher ⑤ und Flintsbach ⑥ nach Winzer. Am Ortsanfang verlassen wir den Radweg und rollen die Passauer Straße entlang, die uns bis zum Ortsende leitet. Ein genussvoller Blick auf die Burgruine Winzer ⑦ ist uns hier vergönnt. Die frei zugängliche Ruine und die Sternwarte sind die Hauptattraktionen auf dem Schlossberg. Es geht weiter links abbiegend über Aufeld (die Bahnfahrer könnten hier nach Osterhofen abzweigen) und die Hengersberger Ohe entlang durch freie Wiesenflächen zur Donau. Am Deich führt uns der beschilderte Radweg entlang des Donauufers am Radpavillon vorbei zu unserem Ausgangspunkt Niederalteich.

IMPRESSUM

Texte:
Uwe Neumann
(Tour 16, 19, 26, 27 unter Mithilfe von Curd Biedermann)

Kartografie:
Battenberg Gietl Verlag GmbH, Andreas Preßl

Abbildungen:
Falls nicht anders angegeben: Uwe Neumann
S. 1 Curd Biedermann **S. 2 u. 3** Vorwort Marion Beer / Felix Mittermeier pixabay
Tour 1 Andreas Mühlbauer (Titel,3), Uli Stöckerl (2), Robert Mückl (5), Drachenstich-Festspiel e.V. (7) **Tour 2** Andreas Mühlbauer (Titel), Robert Mückl (2), Karl Reitmeier (8,9) **Tour 3** Robert Mückl (Titel), TI Waldmünchen (3,4) **Tour 4** Toni Artmann (Titel, 2-6) **Tour 5** Josef Kerscher (Titel,2,3) **Tour 6** TI Falkenstein (Titel, 2,3,7) **Tour 7** TI Bad Kötzting / Stefan Gruber (2), Stadt Bad Kötzting (Titel,3,4) **Tour 8** Stefan Gruber (Titel,3,5), Neukirchen b. Hl. Blut (2), **Tour 9** woidlife-photography (Titel,2), Norman Bielig (5),), Robert Mückl (7), TI Lam (8) **Tour 10** Hartmut Bauermeister (Titel,2) **Tour 11** Stadt Bad Kötzting (Titel,2), Karl Probst (6) **Tour 12** Manfred Sitter (Titel) **Tour 13** Tobias Köhler (Titel), Curd Biedermann (3) **Tour 14** mediaatelier Bauernfeind (Titel,4,5,7), pixeltypen (2) **Tour 15** woidlife-photography (Titel,2,5,6,7), Tobias Köhler (4) **Tour 16** Curd Biedermann (2) **Tour 17** ILE Abteiland / Manfred Rauscher (Titel,4), ILE Abteiland / Maximilian Semsch (2,3) **Tour 18** ILE Abteiland/Manfred Rauscher (Titel,4), ILE Abteiland /Maximilian Semsch (2,3,6,7) **Tour 19** Curd Biedermann (2,3,7,8,10), ILE Abteiland / Edith Stadlmeyer (4,6), ILE Abteiland Maximilian Semsch (5), ILE Abteiland /Manfred Rauscher (9) **Tour 20** ILE Abteiland / Manfred Rauscher (Titel,5), ILE Abteiland Maximilian Semsch (2,3), ILE Abteiland Edith Stadlmeyer (4) **Tour 21** TI Lalling (Titel), LRA Deggendorf (2) **Tour 22** LRA Deggendorf (Titel,4), Tourist-Info Bernried (3) **Tour 23** TI Sankt Englmar/Franz-Xaver Six (Titel), TI Sankt Englmar/Karin Wurm (2), TI Sankt Englmar/Uwe Moosburger (4), TI Sankt Englmar/Astrid Piermeier (3,5,7), TI Sankt Englmar (8),**Tour 24** Landratsamt Straubing-Bogen (Titel,3) Winfried Sträußl (2) **Tour 25** Bernhard Krempl (Titel), Landratsamt Straubing-Bogen (2,3) **Tour 26** Curd Biedermann (Titel,2) Josef Kerscher (5,7) **Tour 27** Curd Biedermann (Titel, 2-6) **Tour 28** Curd Biedermann (Titel 2,3,4) **Tour 29** Clemens Mayer (Titel), Fahrradmuseum Arnschwang (2), Further Waldbühne (3), ErlebnisWelt Flederwisch (4), LBV-Archiv (5) **Tour 30** Curd Biedermann (Titel, 2,4) **Tour 31** Curd Biedermann (Titel,3) **Tour 32** woidlife-photographie (Titel), Stefanie Raab (3), Johanna Frohnauer (4), Manuela Jumah (5) **Tour 33** LRA Deggendorf/Maximilian Semsch (Titel,2), LRA Deggendorf/Stefan Gruber **U3** Stefan Gruber

Haftungsausschluss:
Alle Radtouren wurden nach bestem Wissen vom Autor sorgfältig recherchiert. Die Befahrung der Routen und Benutzung dieses Buches erfolgt auf eigene Gefahr. Der Verlag und der Autor übernehmen für Schäden und Richtigkeit der Angaben keine Haftung.

Danksagung:
Ich bin sehr froh, dass dieses Buch innerhalb sehr kurzer Zeit zustande kommen konnte. Ohne die Mitwirkung des Battenberg Gietl Verlags (vor allem von Herrn Preßl und einigen Verlagsmitarbeiter/-innen), vieler Tourist-Infos, der Touristiker der sieben Landratsämter Regensburg, Straubing-Bogen, Cham, Deggendorf, Regen, Freyung-Grafenau, Passau sowie des Abteilands (Frau Stadlmeyer) und vor allem unzähliger begeisterter Radlfreunde (leider kann ich aus Platzgründen gar nicht alle erwähnen) wäre es nicht möglich gewesen, dieses Buch zu realisieren. Auch meine Familie (Mucki, Felix, Franziska und Florian) möchte ich hervorheben: Sie hat mich in dieser Zeit immer unterstützt und auf der einen oder anderen Tour begleitet. Und zuletzt danke ich meinem Freund Curd Biedermann (Bayernbike) für seine wertvollen Tipps und die vielen Bilder.

MIX
Papier aus verantwortungsvollen Quellen
FSC® C014138

Für uns, die Battenberg Gietl Verlag GmbH mit all ihren Imprint-Verlagen, ist Nachhaltigkeit ein wichtiger Teil unserer Unternehmensphilosophie.
Daher achten wir bei allen unseren Produkten auf den Einsatz umweltschonender Ressourcen und Materialien. Dieses Buch wurde auf FSC®-zertifiziertem Papier gedruckt. FSC (Forest Stewardship Council®) ist eine nicht staatliche, gemeinnützige Organisation, die sich für die verantwortungsvolle und ökologische Nutzung der Wälder unserer Erde einsetzt.

Unsere Partnerdruckerei kann zudem für den gesamten Herstellungsprozess nachfolgende Zertifikate vorweisen:
- Zertifizierung für FOGRA PSO
- Zertifizierungssystem FSC®
- Leitlinien zur klimaneutralen Produktion (Carbon Footprint)
- Zertifizierung EcoVadis (die Methodik besteht aus 21 Kriterien in den Bereichen Umwelt, Einhaltung menschlicher Rechte und Ethik)
- Zertifikat zum Energieverbrauch aus 100 % erneuerbaren Quellen
- Teilnahme am Projekt „Grünes Unternehmen" zum Schutz von Naturressourcen und der menschlichen Gesundheit

2. Auflage 2022
ISBN 978-3-95587-791-0

www.battenberg-gietl.de

Bibliografische Information der Deutschen Nationalbibliothek

Die Deutsche Nationalbibliothek verzeichnet diese Publikation in der Deutschen Nationalbibliografie; detaillierte bibliografische Daten sind im Internet über http://dnb.dnb.de abrufbar.
ISBN 978-3-95587-791-0